○ 西南交通大学思想政治工作精品示范培育项目
○ 2023年高校思想政治工作队伍培训研修中心（西南交通大学）思想政治教育专项课题资助项目

跟着节气去劳动
——西南交通大学共青团实践育人成果集

张江泉　樊治辰　郑　源 ◎ 主编

西南交通大学出版社
·成都·

图书在版编目（CIP）数据

跟着节气去劳动：西南交通大学共青团实践育人成果集 / 张江泉，樊治辰，郑源主编. -- 成都：西南交通大学出版社，2024. 11. -- ISBN 978-7-5774-0244-4

Ⅰ.D296.1

中国国家版本馆 CIP 数据核字第 2024MB5996 号

Genzhe Jieqi Qu Laodong —— Xi'nan Jiaotong Daxue Gongqingtuan Shijian Yuren Chengguo Ji

跟着节气去劳动——西南交通大学共青团实践育人成果集

主编　张江泉　樊治辰　郑　源

策划编辑	吴　迪
责任编辑	吴　迪
责任校对	左凌涛
封面设计	墨创文化
出版发行	西南交通大学出版社 （四川省成都市金牛区二环路北一段 111 号 西南交通大学创新大厦 21 楼）
营销部电话	028-87600564　028-87600533
邮政编码	610031
网　　址	https://www.xnjdcbs.com
印　　刷	四川玖艺呈现印刷有限公司
成品尺寸	185 mm×260 mm
印　　张	13
字　　数	235 千
版　　次	2024 年 11 月第 1 版
印　　次	2024 年 11 月第 1 次
书　　号	ISBN 978-7-5774-0244-4
定　　价	90.00 元

图书如有印装质量问题　本社负责退换

版权所有　盗版必究　举报电话：028-87600562

编委会

主　编： 张江泉　　樊治辰　　郑　源
副主编： 张　异　　李振宇
编　委： 罗　洪　　刘　萍　　何蕊芯　　廖　凡
　　　　　贾　佳　　刘　璇　　王炎冰　　王誉静
　　　　　杨都强　　孔翔榆　　王　雪　　雍　腾
　　　　　刘　爽　　石珮锦　　高　鹏　　徐进秋
　　　　　赵　娜　　艾效天

序言

　　二十四节气，是历法中表示自然节律变化以及确立"十二月建"的特定节令，准确地反映了自然节律变化，在人们日常生活中发挥了极为重要的作用。它不仅指导了农耕生产的时间体系，更包含有丰富民俗事象的民俗系统。二十四节气蕴含着悠久的文化内涵和历史积淀，是中华民族悠久历史文化的重要组成部分，对高校劳动教育、实践育人工作也有着重要的文化意义。

　　实践育人是新形势下高校教育教学工作的重要载体，是推动形成全员全程全方位育人的有效途径。西南交通大学高度重视实践育人工作，以新时代学校思想政治工作和"双一流"建设工作为牵总，围绕立德树人的根本任务，创新实施一目标、一载体、六项目的"116工程"，打造共青团实践育人新平台。"116工程"围绕"立德树人"总目标，充分利用"第二课堂"载体，打造六大实践育人精品项目：寒假"返家乡"社会实践、暑期"三下乡"社会实践、研究生支教团支教实践、"青春志愿·爱在社区"社区志愿服务、"交通·公益"志愿服务季、赛会及活动志愿服务，积攒了丰富的实践育人成果。我们整理出版《跟着节气去劳动——西南交通大学共青团实践育人成果集》，将学校近年来结合二十四节气开展的系列劳动教育、实践活动成果进行梳理分类，出版这本集共青团实践育人工作案例、优秀青年代表实践心得、二十四节气劳动育人文创赛优秀获奖作品展示为一体的成果集，为进一步推进学校实践育人工作提供阶段性成果支撑，集中打造一张西南交通大学特色的实践育人成果名片。

目 录

01　二十四节气劳动教育概况

002　关于开展二十四节气劳动教育实施方案
014　二十四节气相关知识及团学活动介绍

02　二十四节气劳动教育案例

048　春季案例
048　跟着节气去劳动
　　　——谷雨厨艺大赛（土木工程学院）
052　跟着节气去劳动
　　　——谷雨之劳动教育系列活动（机械工程学院）
057　跟着节气去劳动
　　　——春分之社区义诊活动（生命科学与工程学院）

061　夏季案例
061　跟着节气去劳动
　　　——芒种之持续推进创造性劳动课程（信息科学与技术学院）

066	跟着节气去劳动
	——立夏之开心农场种植活动（物理科学与技术学院）
069	跟着节气去劳动
	——小暑之宝兴县文旅调研活动（经济管理学院）
073	跟着节气去劳动
	——蜀源社区志愿服务活动（建筑学院）

077　秋季案例

077	跟着节气去劳动
	——丰收节里瓜里香　劳动育人丰收忙（电气工程学院）
086	跟着节气去劳动
	——寒露之开心农场种植活动（材料科学与工程学院）
089	跟着节气去劳动
	——霜降连情　劳动润心：周末爱心公益课堂暨开心农场系列活动（人文学院）
093	跟着节气去劳动
	——秋分之晚晴爱心伴我行（公共管理学院）
097	跟着节气去劳动
	——秋分晒秋迎丰收（利兹学院）
102	跟着节气去劳动
	——秋韵徜徉，二十四节气之寒露浪漫（外国语学院）
106	跟着节气去劳动
	——以节气为始：秋季"集体劳动日"系列活动（地球科学与环境工程学院）

109　冬季案例

109	跟着节气去劳动
	——立冬之开心农场劳动实践活动（交通运输与物流学院）
112	跟着节气去劳动
	——"叶"美校园冬至树叶画制作活动（设计艺术学院）

03　跟着节气去劳动——青春志愿·爱在交大

118	**校五星级志愿者**
118	我和"我们"的故事：我将无我，一苇以航（徐昊宇）
123	我与志愿服务的故事：志愿微芒存心间（王歆哲）
128	我与青年志愿者联合会的故事："志"从己心，与"愿"同行（陈亦腾）
133	我与志愿服务的故事：治愈与被治愈的旅程（高文婧）
138	**暑期"三下乡"社会实践**
138	我与紫云县的故事：记西南交通大学"交通天下·筑梦成长"暑期"三下乡"社会实践队第七次出征（齐昱）
142	我与风韵武庙的故事：记四生五子队的"三下乡"（郭徽同）
147	我与橙长一夏的故事："短期支教"与教育的回响（韦思萍）
152	我与宝兴的故事：宝兴县大熊猫文化产业调研社会实践活动（宋雨欣）
156	**交通·公益志愿服务季**
156	我与社区改造的故事：童心筑梦实践队（孔令伊）
161	我与"交通·公益"实践队的故事：扎根社区基层，贡献青春力量（黄天钰）

04　"跟着节气去劳动"系列文创作品

166	书画类
171	图文设计类
188	摄影作品类
189	实物作品类

01 二十四节气劳动教育概况

关于开展二十四节气劳动教育实施方案

一、序言

习近平总书记在党的二十大报告中指出:"广大青年要坚定不移听党话、跟党走,怀抱梦想又脚踏实地,敢想敢为又善作善成,立志做有理想、敢担当、能吃苦、肯奋斗的新时代好青年,让青春在全面建设社会主义现代化国家的火热实践中绽放绚丽之花。"

为深入学习宣传贯彻党的二十大精神,贯彻落实学校第十五次党代会精神,围绕立德树人根本任务,强化实践育人成效,让广大青年学生在亲身参与中认识国情、了解社会,在学思践悟中坚定理想信念,努力成长为德智体美劳全面发展的社会主义建设者和接班人。根据中共中央、国务院《关于全面加强新时代大中小学劳动教育的意见》,为进一步加强学生劳动教育工作,引导和激励大学生德智体美劳全面发展,结合学校实际,制定本办法。

劳动实践以习近平新时代中国特色社会主义思想为指导,坚持培育和践行社会主义核心价值观,西南交通大学劳动教育结合二十四节气,在春、夏、秋、冬四个季节分别开展具有不同学科特色、专业特点的劳动教育活动,以高质量活动培养高质量人才。

在春季开展科创劳育节,旨在实现科技创新为劳动教育赋能,让创新承载梦想、科技点亮智慧;夏季开展专业实习劳动,让学生在夏季热火朝天的劳动实践中积蓄成长力量,感受专业学习的乐趣;秋季开展课程笔记评选,将劳动教育同专业学习、传统文化融合,让源远流长的中华优秀传统文化在实践中得以继承和发扬;冬季开展志愿服务和社会实践劳动,激发同学们的劳动热情,展现青春担当。

二、西南交通大学春季劳动教育实施方案

(一)活动主题

科创赋能——西南交通大学春季科创劳育节。

（二）活动宗旨

春季，始于立春，终于立夏，是劳动气息最为浓厚的季节。春季，也是学生科创活动最为丰富的季节。为了让劳动教育贯穿大学生活的始终，实现科技创新为劳动教育赋能，在这个充满青春与活力的季节，特此开展春季科创劳育节，让创新承载梦想、科技点亮智慧、劳动创造美好。

（三）覆盖对象

西南交通大学全体在籍学生。

（四）活动时间

2023 年 2—5 月。

（五）活动内容

本次活动以学科竞赛的作品为载体，通过作品反映春季各节气的劳动风俗与习惯，体现相应的劳动内容，此次活动分为宣传动员、作品征集、作品评选、成果展示四个阶段。

1. 宣传动员

通过网络宣传、线下海报等方式进行动员宣传。

2. 作品征集

报名同学上传相应的作品文件，实物或者非实物均可，包括作品说明书（设计主题、设计思路、实现功能、作品意义）、作品视频（仅实物作品提供）。

3. 参赛主题

（1）"曲江绿柳变烟条，寒谷冰随暖气销"——立春。

（2）"渭城朝雨浥轻尘，客舍青青柳色新"——雨水。

（3）"鳞鳞江色涨石黛，嫋嫋柳丝摇麹尘"——惊蛰。

（4）"春分雨脚落声微，柳岸斜风带客归"——春分。

（5）"窗中草色妬鸡卵，盘上芹泥憎燕巢"——清明。

（6）"花气浓于百和香，郊行缓臂聊翱翔"——谷雨。

4. 作品评选

作品收集完成后，将由学校组织各学院评委老师集中评选，评选出得分前 30% 的作品进入决赛，决赛采用集中答辩的方式进行，参赛选手需制作 PPT 对其科创劳育作品进行介绍，最终以现场得分高低评选出一等奖、二等奖、三等奖和优秀奖。

初赛评分表

序　号	项　　目	分　值	得　分
1	作品是否符合劳育主题	10	
2	作品和春季各节气的切合程度	10	
3	作品是否反映春季各节气的劳动风俗、习惯	20	
4	作品体现相应的节气劳动情况	20	
5	作品设计思路	20	
6	作品意义	20	
总　分			

决赛评分表

序　号	项　　目	分　值	得　分
1	对劳育主题的表达情况	20	
2	对春季节气的切合程度	20	
3	作品的设计思路和意义	20	
4	现场答辩的表现情况	40	
总　分			

5. 成果展示

获奖作品将以海报和实物的形式作为春季科创劳育节的主题成果在学校的固定展位展出宣传。

（六）奖项设置

一等奖：报名作品数量的10%。

二等奖：报名作品数量的20%。

三等奖：报名作品数量的30%。

优秀奖：报名作品数量的20%。

（七）预期效果

春季科创劳育活动的开展，一方面能增强学生对传统节气文化的了解，同时在结合科创竞赛的情况下实现了劳动教育，将劳动教育融入学校教育教学和人才培养全过程，促进了"五育"融合，同时也营造了良好的科创、劳育氛围；通过对优秀作品的展览，可以拓宽学生在参加学科竞赛时的思路，也让劳动教育的理念深入学生的日常生活，实现科技创新为劳动教育赋能。

三、西南交通大学夏季劳动教育实施办法

（一）活动宗旨

以夏季"播种""成长""积累"等关键词为核心，串联夏季的六个节气：立夏、小满、芒种、夏至、小暑、大暑，开展具有专业特色的系列劳动活动，让同学们在夏季热火朝天的劳动实践中积蓄成长力量，感受专业乐趣，让劳动观念入脑、入心、入行，让源远流长的中华优秀传统文化在实践中继承和发扬。

（二）活动对象

西南交通大学全体在籍学生。

（三）活动时间

2023年5—8月。

（四）活动内容

1. "积蓄·成长"——记录一段经历

"小满"，是夏季的第二个节气。小满后，天气渐渐由暖变热，降水也会逐渐增多，民谚有"小满大满江河满"的说法。对于同学们来说，夏天也是热火朝天开展专业实习的时间，校园里穿着工训服装的身影来来往往，那是一个个为了梦想和未来不懈努力的交大学子。枯燥无味的反复捶打、烈日下的精准测绘，这些经历让他们更加融入专业、珍惜团队、品味付出，在前行的道路上更加坚定自己的方向和目标。也正是在劳动实习的过程中，同学们学习知识，动手实操，在一次次尝试中不断汲取成长成才的养分，不断积蓄全面发展的动力。

为营造良好劳动实践氛围，充分发挥劳动榜样的示范作用，积极号召同学们记录自己的实习经历，记录自己的点滴成长。这些记录既可以是文字、图片，也可以是短视频等，不仅可以展现自己得到的成长，而且能够激励和鼓舞他人。用自己的实际行动，向全校师生树立起一面时刻激励自己奋斗、激发内在潜力的旗帜，共同营造一个积极向上、充满进取精神的学习和工作氛围。

2. "积蓄·成长"——展示一件作品

芒种既是一个播种的节气，也是一个收获的节气。对于同学们来说，这既是辛苦付出种下汗水和辛劳的时节，也是阶段性收获的时节。实习是同学们实现自我提升和

职业素养成长的重要途径，实习作品无疑是同学们阶段性成长的最好体现。通过实习，同学们可以将所学理论与实践相结合，在真实的应用场景中发挥创造力和专业能力，积累实战经验，并吸取实践中的教训和经验，最终形成一件实习作品。

不管是一块数字雕刻工件，还是一张校园测绘图，或是一套建筑设计图，都是自己成长和进步的载体。同学们可以积极展示自己实习的作品，通过学院推荐和个人投递等方式筛选出最具代表性的作品，形成一套属于交大人的实习作品集。

3. "积蓄·成长"——完成一次实践

作为一名交大人，我们深刻认识到轨道交通在国家基础设施建设中的重要性，更应该肩负起推动行业发展的责任和使命。交大青年学子更加需要深入轨道交通建设的第一线，深入最艰难的基层，去听、去看、去想，在实践中了解国家轨道交通发展现状，在实践中学习新知识，在实践中锤炼真本领。

每年7月，会度过小暑和大暑两个节气，虽是一年中最为炎热的时间段，但也是农作物生长最快的时间段。夏季是同学们积累和成长的好季节，同学们可以完成一次暑期"三下乡"社会实践活动，可以投身轨道交通建设领域的第一线，也可以走进行业内相关企业单位，在实践中增长见识和本领，明确未来发展方向，坚定理想信念。只有每个交大学子以高度的责任感和历史担当做到自己的最好，才能真正地把握住历史机遇，为国家富强与民族复兴做出自己的贡献。

（五）活动时间安排

1. "积蓄·成长"——记录一段经历

活动时间：2023年5—7月。

提交内容及方式：与实习相关的任何内容均可，可以是图片、文字或者短视频等形式，并于7月31日之前以个人形式提交到指定邮箱。

评奖方式：根据收集到的作品进行评选，最终选出若干优秀作品进行颁奖并通过微信推送进行展示。

2. "积蓄·成长"——展示一件作品

活动时间：2023年6—7月。

提交内容及方式：经过学院推荐和个人提交两种方式收集作品，需要包括作品介绍（300~500字）、作品照片（4~6张）。

评奖方式：筛选最具有代表性的实习作品，形成一本"交大人实习作品集"，并邀请同学们带着实习作品进行线下展示，所有被展示作品均颁发"优秀实习作品奖"。

3. "积蓄·成长"——完成一次实践

活动时间：2023 年 7—8 月。

（六）预期效果

（1）制作一个交大学子成长历程的短视频，记录同学们在炎炎夏日挥洒汗水、辛勤付出的成长经历。

（2）形成一套"交大人实习作品集"，不仅能够在各类展览、竞赛等活动中展示，让更多人能够欣赏到交大学子的创意和才华。同时，可以将这些作品集向校外公司和企业等单位推广，为同学们毕业后的职场发展提供有力的证明和帮助。

四、西南交通大学秋季劳动教育实施办法

（一）活动宗旨

西南交通大学秋季劳动教育以"季节"为切入点，结合全校不同专业的学科特色组织相应劳育活动。以秋季"落叶""收获""播种"等关键词为要点，结合秋季的六个节气：立秋、处暑、白露、秋分、寒露、霜降，将大学生劳动教育同传统文化融合，形成具有中国特色、专业特色的劳动教育内容。让劳动观念入脑、入心、入行，让源远流长的中华优秀传统文化在实践中得以继承和发扬。

（二）活动对象

西南交通大学全体在籍学生。

（三）活动时间

2023 年 9—11 月。

（四）活动内容

1. 最好新秋时——用劳动留住秋色

1）活动背景及意义

立秋时节，夏色收，秋声动，万物内敛。校园内道路上积累的落叶，一定程度上阻碍了车辆和行人的通行，也一定程度上影响了美观。为营造良好的学习生活环境，并留住初秋的美景，面向全校同学组织开展相关劳育活动。

2）活动时间

2023 年 9—10 月。

3）活动实施方案

（1）园区清扫。

以学生居住的宿舍园区为划分，各个学院根据时间安排本院学生对相应园区范围内的落叶、腐叶进行打扫处理，营造干净温馨的园区环境，提升居住质量。活动后以学院为单位提交活动照片和总结。

（2）制作落叶标本。

在打扫园区的过程中，收集外观和颜色保持较好的落叶，动手制作植物标本，同时在标本上写下与自己专业相关的重要知识点。例如工科专业写下计算公式、语言类专业写下好词好句等。制作完成后既可以作为书签使用，也可以对寝室进行装饰点缀，同时提醒自己复习相应学科知识点。

落叶标本

（3）落叶劳动展。

结合不同专业特色，用较为完整的落叶，例如银杏叶、枫叶等，配合专业常用器材工具制作作品。如电气信息类专业利用废旧元件、电路板；建筑设计类利用颜料、彩纸，制作劳动主题的"落叶画"。经过前期收集、中期筛选和最终展示，对优秀作品进行展览，传达"变废为宝"的劳动理念，增强对于劳动教育活动的宣传。

落叶劳动画

2. 秋意浓，品丰收——动手结出"智慧果"

1）活动背景及意义

金气秋分，风清露冷秋期半。在白露及秋分节气前后，田野里庄稼长势良好，到处都充斥着丰收的气息，在满满的收获中，充盈着奋斗的印记。结合丰收时节特点，举办收获相关活动，在动手和制作中体验学习和劳动的意义，在金秋时节体会收获的美好。

2）活动时间

2023年10—11月。

3）活动实施方案

（1）寝室大扫除。

同学们共同劳动，对所居住的寝室进行大扫除，对洗手间、阳台、房间、衣柜进行彻底打扫，打造出卫生良好的宿舍环境。活动后以学院为单位提交活动照片和总结。

（2）金秋笔记展。

在收获的时节，同学们也即将迎来半期考试，检验学习中的收获和成果。在寝室大扫除中整理出废纸箱、旧衣物、过期杂志等，利用上述废旧物品，变废为宝，动手对这些材料进行裁剪和拼贴，制作"学习手账""花样思维导图"等内容形式丰富的学科特色笔记。举行"金秋笔记展"，对优秀笔记进行展示，共享思维的碰撞。

废物利用手账

3. 播种正红火——劳动教育沙龙

1）活动背景及意义

秋深山有骨，霜降水无痕。在秋播的时节，种下热爱劳动、善于劳动、勤于劳动的种子，待来年收获劳动的果实。

2）活动时间

2023年11月。

3）活动实施方案

组织劳动教育沙龙活动，具体流程如下：

（1）第一环节：共听劳动奋斗故事。

扎根西南交通大学轨道交通特色，邀请轨道交通行业各领域老、中、青三代劳动者，讲述他们自身的奋斗故事，引导学生品味劳动魅力，提升劳动意识。

（2）第二环节：共学劳动诗词歌曲。

沙龙参与者共同学唱《劳动最光荣》《奋斗的你了不起》等劳动歌曲，在音乐中体会劳动精神。共读《观刈麦》《田上》等经典诗词，在经典诵读中感受劳动人民的不易。

（3）第三环节：共答劳动相关知识。

根据参与者人数，每组约5人，分为若干组，对准备好的劳动相关问题进行抢答。根据抢答情况赠送优胜队伍劳动相关书籍,在答题和互动中增进劳动文化认知。

(五)预期效果

(1)清扫出干净清爽的园区,形成多幅叶片标本、叶片拼贴画等形式的作品。

(2)举办"金秋笔记展",展出丰富的笔记和思维导图作品,提升学生的学习意识和劳动意识。

(3)沙龙活动深入人心,在理论知识层面加深教育,提高未来学生劳动自觉性。

(4)活动紧贴季节变化,与节气的转换同频共振,提升学生劳动意识,提升学生对专业的认可度,提升学生对中华优秀传统文化的了解和认同。

五、西南交通大学冬季劳动教育实施办法

(一)活动宗旨

西南交通大学冬季劳动教育在立冬、冬至、大寒等节气的时间节点,结合不同专业学科特色组织志愿服务类、社会实践类等劳育活动,以高质量活动培养高质量人才。让劳动观念入脑、入心、入行,让源远流长的中华传统文化在实践中继承和发扬。

(二)活动对象

西南交通大学全体在籍学生。

(三)活动时间

2023年11月—2024年2月。

(四)活动内容

1. 筑梦青春路,携手志愿行——"青春志愿·爱在社区"志愿服务劳动教育(11月)

立冬,是冬季的第一个节气。此时节,水始冰、地渐冻、日照短、寒风劲,繁华尽藏,作物收晒完毕,收藏入库,有些动物也已躲藏起来,准备漫长的冬眠,世间万物仿佛都安静了下来,静候冬日里初雪的到来。

值此节气,为进一步弘扬"奉献、友爱、互助、进步"的志愿精神,以志愿服务为载体深入践行社会主义核心价值观,鼓励和引导广大团员青年积极投身志愿服务事业,校团委号召各团支部持续推进"青春志愿·爱在社区"大学生志愿服务社区行动,强化实践育人成效,号召广大青年学子用实际行动践行志愿精神,展现青春担当,自立冬伊始便温暖整个冬天。

参与社区治理。鼓励青年学子走进社区,开展政策宣讲、禁毒防艾、反诈宣传、

安全巡查、老年关爱等志愿服务活动,帮助人民群众解决实际问题。

开展课后服务。鼓励青年学子围绕思想引领、兴趣培养、素质拓展、自护教育、心理健康等内容,以志愿服务为基本方式,以基层党群服务中心、"青年之家"等为阵地依托,常态化为中小学生提供课后服务。

组织社会调查。鼓励青年学子结合专业背景、研究课题、兴趣爱好和基层需要,访民情、察社情、知国情,有针对性地开展社会调查,形成调研成果。

2. 暖冬之约,让爱传递——"我为师生办实事"主题劳动教育(12月)

冬至是冬季里的第四个节气,也是中国民间的一个传统节日。

在德智体美劳全面发展的教育要求下,大学生党员是大学生群体中的先锋,劳动教育是大学生党员全面发展必受的教育之一。九九岁寒,温情冬至。值此节气,校团委号召全体学生党员、发展对象积极参与"暖冬之约,让爱传递——'我为师生办实事'主题劳动教育"。学生党员在主题劳动教育过程中亮身份、作表率、立标杆、比贡献,充分发挥引领示范作用,将基层党支部建成吃苦在先、享乐在后、攻坚克难的战斗堡垒。

筑牢安全底线,增强防患意识。号召学生党员、发展对象带头参加冬季宿舍安全巡查工作,加强冬季安全用电知识宣传,排查违章电器等安全隐患,帮助同学们增强安全用电意识,营造健康文明、和谐有序的学习生活环境。

薪火助成长,党员"传帮带"。号召学生党员、发展对象积极带动身边同学共同成长进步,力争在各个方面带好头;临近期末考试,营造"比、学、赶、帮、超"的良好学习风气,带动身边的同学积极向上,帮助后进的同学迎难赶上,充分发挥党员的先锋模范作用。

传承劳动精神,共建文明校园。号召广大青年学子积极投身文明交大、美丽交大、和谐交大、温暖交大的共建共治共享中来,广泛开展"共享单车 共享文明""厉行节约 反对浪费""垃圾分类 从我做起"等主题活动,营造美丽文明的校园文化,提升校园形象,为校园疫情防控、文明校园建设贡献青春力量。

3. 深入家乡基层,贡献青春力量——寒假"返家乡"社会实践劳动教育(1月)

大寒,是二十四节气中最后登场的节气,也是冬天最豪迈、最深情的表达。

值此节气,校团委号召青年学子深入家乡基层,贡献青春力量,积极参与寒假"返家乡"社会实践活动,在生动的社会实践大课堂中绘就交大青年的奋进答卷。

围绕学习贯彻党的二十大精神,聚焦新时代大学生责任担当,将党的二十大报告、《习近平谈治国理政》、《习近平与大学生朋友们》等作为社会实践的生动教材,开展学习调研类实践，通过研究伟大变革、开展党史教育、组织专题宣讲、寻访优秀党员、调研红色足迹等形式，深入学习宣传贯彻党的二十大精神，并形成调研报告。

凝聚青春助振兴，书写乡村"兴"华章。鼓励青年学子投身乡村振兴，通过调研实践，感受乡村振兴成果，探索乡村振兴方向，增强服务人民的责任感、使命感。实践项目可聚焦智慧农业、义务教育帮扶、劳动志愿服务、美丽乡村建设等领域，以实地调研、考察研习、政策宣讲、志愿服务、课业辅导、技术创新、乡村支教、普通话推广等活动为主要形式开展实践，增强服务人民、回报家乡的责任感与使命感，助力乡村产业、人才、文化、教育、生态、组织振兴。

西南交通大学寒假招生宣传专项。为充分发挥实践育人功效，鼓励广大同学回到家乡中学，通过宣讲会、励志讲座等多种方式宣传交大文化、交大历史和交大特色，帮助广大中学生深入了解我校人才培养和办学特色，积极发挥朋辈作用，分享交大学习生活经验，助力莘莘学子实现交大梦想，为学校招收优质生源发挥作用。

（五）预期效果

青年大学生肩负着实现国家富强、民族复兴、人民幸福的时代重任，是实现中国梦的主力军。冬季劳动教育实施方案以劳动精神涵养青年学生的道德情感，以劳动实践锤炼青年学生的心智体魄，以劳动教育激发青年学生的审美情趣。

志愿服务劳动教育让同学们将"奉献、友爱、互助、进步"的志愿精神牢记于心，在爱的土壤上耕植经营，在善的世界里发光发热，做既有"温度"又有"力度"的志愿服务，做既"纯粹"又充满"活力"的大学生。

社会实践劳动教育是青年学生练就过硬本领的"大熔炉"，引领青年将"读万卷书"与"行万里路"结合，争做有格局、有情怀、有视野、有担当的新时代西南交大人。

二十四节气相关知识及团学活动介绍

一、二十四节气气候民俗介绍

（一）立春

立春为二十四节气之首。立，有"开始"的含义；春，蕴含了"温暖、生长"之意。在中国传统文化中，立春是吉祥的代表。立春既有万物起始的含义，更是一切更生之义的反映，意味着一个充满希望的春天正向我们走来。一年之计在于春。自古以来，中国人都十分看重"立春"，一直把它当成节日来过。"立春"一词，早在三千多年前的周朝就已出现。据《礼记》记载，周朝时，每逢"立春"，周天子亲率公卿、诸侯、士大夫，在东郊举行迎春大典，然后赏赐群臣并施惠于民。

1. 气候

民间认为，立春当日的天气情况对整个春季的天气预测有着重要意义。在气温方面，谚语有"立春日寒，一春不寒""年前立春过年暖，过年立春二月寒"之说；在雨水方面，谚语有"立春晴，雨水匀""立春之日雨淋淋，阴阴湿湿到清明"等。

2. 民俗

（1）迎春：由于是春天的开始，我国民间都把立春作为节日来过，称为立春节，在这一天要举行盛大的迎春仪式。立春日迎春，是在立春日进行的一项重要活动，历史悠久，在三千多年前就已经出现。

（2）鞭春：立春之日民间有"鞭春""打春"的习俗，就是在立春这一天，人们会用泥塑或纸糊制成春牛，然后用杖将其击碎，象征春耕开始，催牛耕地。这种方式体现了人们对五谷丰登的美好期盼。打春的风俗，最早来自皇宫。传说立春这一天，皇宫内外都要把它当作节日，要格外隆重地庆祝一番。

（3）咬春：在饮食上，立春这天，民间有"咬春"的习俗。春盘春饼是用蔬菜、水果、饼饵等装盘馈送亲友或自食，称为春盘。除了春饼，老北京人立春必备的"咬春"食物还有炸春卷和青萝卜。

3. 居家生活习惯

（1）起早：在立春这一天起个大早，被称为"立春早"。

（2）求富趋吉：立春这一天除了祭告先祖，还有许多求吉祥、求富的传统，比如拜神、祭灶、燃香等。

（3）贴门神：挂"门神"符牌在家门口，象征着保佑家人平安健康、业务兴隆等。

（4）打扫卫生：立春是一个传统的节气节点，也是万物开始复苏和发芽的时期，因此要利用这个时机来打扫家里的卫生，认真清理办公场所。

4. 农业种植相关知识介绍

立春即春季的开始，时序进入春季。此时虽依然春寒料峭，但寒冬已尽，春回大地，万物复苏，大自然生机勃发。迎春是立春的重要活动，活动前的准备与预演俗称演春，立春当天的活动为正式迎春。迎春是在立春前一日进行的，寓意接回春天。之后，人们在春意盎然的时节组织外出游春，俗称出城探春、踏春，这也是春游的主要形式。立春这天，民间艺人会制作许多小泥牛，称为"春牛"，送往各家各户，谓之"送春"。也有的地方在墙上贴一幅画有春牛的黄纸，黄色代表土地，春牛代表农事。

（二）雨水

"东风解冻，冰雪皆散而为水，化而为雨，故名雨水。"雨水节气的名称，代表着天气回暖，冰雪消融。消融的冰雪一部分成为溪流河川，一部分在蒸发后变成了雨从天降下。霏霏细雨，润泽天地。春天正带着对万物的爱意，温柔地临近。

1. 气候

一候獭祭鱼：水獭将鱼儿捕获，整齐排列在岸边，预示着天道酬勤、力耕不欺，辛苦付出，终有回报。二候鸿雁来：东风送暖、万物复苏，鸿雁去了又归来，跨越千山万水，克服艰难险阻，它们划破长空、气势如虹，因为有生命和自然的约定。三候草木萌动：万物蓄势待发，嫩芽即将破土萌动，尽管气候时而交替、变幻无常，但没有什么能阻挡春的归来。

2. 民俗

（1）忙春耕：雨水节气预示长时间的降雨天气即将开始、雨量渐增，古谚曰"春雨贵如油"，农作物的生长很需要适宜的降水。雨水至，春耕忙，此时正是准备春耕春播的好时机。农民忙着翻田，将杂草等深埋地下，经雨水一泡，正是农作物最好的有机肥。

（2）占稻色："占稻色"是中国古代的一种习俗，简而言之是以爆炒糯谷米花的形式占卜第二年是丰收还是歉收。作为春耕初始的重要节气，雨水当天，华南地区的农户人家往往以爆炒糯谷占卜收成，爆出的糯米花越多，意味着收成越好。

3. 居家生活习惯

（1）睡"雨底觉"：俗话说"立春吃梅，雨水睡觉"，意味着雨水时节，田里开始种植，农民们忙碌一整天后可以安心睡个好觉。

（2）贴发财符：古代传统认为，在雨水这一天应该挂上发财符，以求财富安康，家运兴旺。

（3）打捞河蟹：在雨水节气期间正值刚刚过完冬至、大寒两个节气，江湖中的河蟹活性最高，正是抓河蟹的好时候。

（4）排灶除尘：雨水后，气温升高，因此要开始清洁房屋，家中的灶台要彻底清理，为新的一年做好准备。此外，也是留着部分雨水煮茶、早春饮用的好时候。

4. 农业种植相关知识介绍

春天离不开雨水的滋润，春天的雨水，润物无声，让枯木得以逢春，让种子得以萌发。进入雨水节气，春暖花开，万物复苏，气温回暖，有利于越冬作物返青或生长，因而要抓紧越冬作物田间管理，做好选种、春耕、施肥等春耕、春播准备工作，以实现"春种一粒粟，秋收万颗子"。在华北、西北及黄淮等地区，降雨量却常常无法满足农业需要，需及时组织农民进行春灌。淮河以南地区，雨水较多，应做好农田清沟沥水和中耕除草，预防湿害烂根等现象发生。对农业来说，雨水正是小春管理、大春备耕的关键时期。雨水节气过后，气温开始回升，小麦自南向北开始返青，土壤中的水汽不断上升，凝聚在土壤表层，夜冻日融，开始返浆。雨水前后，油菜、冬麦普遍返青生长，对水分的要求较高，这时适宜的降水对作物的生长特别重要。

（三）惊蛰

1. 气候

春天的第三个节气，在公历3月6日前后。此时太阳到达黄经345°的位置，阳气汇聚、气温上升、春雷乍动、降雨渐多，是万物生长的季节。大自然的运转变换对农耕生产有很大影响，惊蛰节气在传统农耕日程上是一个值得重视的节点，它是古代农耕文化对于自然节令的反映。中国劳动人民从古到今都很重视惊蛰节气，有些地区亦将其视为春耕开始的时节。

2. 民俗

惊蛰时，各种冬眠的小虫都会苏醒跑出来，因此在民间有炒虫、食虫的习俗。特别是在二月二这一天，"炒蝎豆"的习俗很流行，所谓蝎豆，就是黄豆等谷物，谷物在锅里被炒得噼啪作响就好像是毒虫在挣扎。人们认为在春天吃了这样炒过的五谷，就能无病无灾，平安一年。

3. 居家生活习惯

（1）捉春捞：这个传统的惊蛰习俗源于古代祭祀上苍和女娲的仪式，捕捉"春鱼""春虾"等鱼贝类皆属其中。

（2）铺床、彩壳：惊蛰后气温回升，家里铺床就可以少用被子。此外人们还会彩绘鸭蛋，象征着家庭美满和财富丰收。

（3）祭祀祖先：许多地区在惊蛰这一天还会进行祭祀祖先的活动，以表达对先人的感恩和怀念。

（4）吃梨：在人们的观念中，惊蛰吃梨，寓意着和害虫分离，远离疾病。惊蛰节气，乍暖还寒，气候比较干燥，很容易就让人感到口干舌燥，身体不舒服。因此在民间素有惊蛰吃梨的风俗习惯。

4. 农业种植相关知识介绍

惊蛰节气在农耕上有着相当重要的意义，标志性特征是春雷乍动、万物生机盎然。惊蛰反映的是自然生物受节律变化影响，而出现萌化生长的状态。"春雷响，万物长"，惊蛰时节正是大好的"九九"艳阳天，气温回升，春雷乍动、雨水增多，万物生机盎然，是万物生长的好时光，该种的农作物都可以开始种了。我国劳动人民自古很重视惊蛰节气，把它视为春耕开始的时节。农谚："到了惊蛰节，锄头不停歇。"到了惊蛰，"九九"已尽，"九尽桃花开，春耕不能歇"，中国大部地区进入春耕大忙时节。惊蛰是全年气温回升最快的节气，日照时数也有比较明显的增加。但是因为冷暖空气交替，天气不稳定，气温波动甚大。中国各地随着气温回升，日照增加，由南向北渐次开始春耕。华南东南部、长江河谷地区，多数年份惊蛰期间气温稳定在12℃以上，有利于水稻和玉米播种，其余地区气温在12℃以下的低温天气出现，不可盲目早播。惊蛰虽然气温升高迅速，但是雨量增多却有限。

（四）春分

1. 气候

春分是二十四节气之一，春季第四个节气。春分的"分"有两层含义：一是"季节平分"，传统以立春到立夏之间为春季，而春分日正处于两个节气之中，正好平分了春季；另一含义是"昼夜平分"，在春分这天，太阳直射赤道，昼夜等长，各为12小时。春分的气候特点是天气温暖、阳光明媚。

2. 民俗

春分在天文学上有重要意义，春分这天太阳直射赤道，南北半球昼夜平分，过了这天，太阳直射位置经过赤道而转向北半球，北半球各地白昼开始长于黑夜，南半球与之相反。在气候上，也有比较明显的特征，春分后中国除青藏高原、东北地区、西北地区和华北地区北部外均进入了明媚的春天。在这时节，中国民间有放风筝、吃春菜、立蛋等风俗。

3. 居家生活习惯

（1）放风筝：风筝自发明起已有两千多年的历史，古代又名为"鹞"，北方地区也称为"鸢"。"鹞"和"鸢"均为鹰类猛禽，古时的风筝大多用绢或纸做成鹰的形状，因此风筝又称为"纸鹞""纸鸢"。后来，风筝的形状各异，春天放的多半为燕子风筝。

（2）花朝节：民间相传，传统花神的生日与春分节气较为接近。为了纪念花神，各地老百姓都会举办"花朝节"，俗称花朝。趁着这个鲜花盛开的时候，许多家庭会共同出游赏花，感受美好的春季氛围。

4. 农业种植相关知识介绍

"春分麦起身，肥水要紧跟。"春雨的降临会使气温上升，春雨过后则是耕种的最佳季节，春管、春耕、春种将依次到来。春分过后，越冬作物进入生长阶段，要加强田间管理。由于气温回升快，需水量相对较大，农民应当加强蓄水保墒。北方春季少雨的地区要抓紧春灌，浇好拔节水，施好拔节肥，注意防御晚霜冻害；南方仍需继续搞好排涝防渍工作。江南早稻育秧和江淮地区早稻薄膜育秧工作已经开始，早春天气冷暖变化频繁，要注意在冷空气来临时浸种催芽，冷空气结束时抢晴播种。在春季少雨的北方地区，抗御春旱仍是春分时节重要的农事活动，这些地方要抓紧春灌，浇好拔节水，施好拔节肥，加强抗御春旱和冻害的准备。

（五）清明

1. 气候

"气清景明，万物皆显"，清明节气是二十四节气之一，大约在每年的4月5日或6日。期间，暖阳普照、树木生长、百花盛开，整个环境生机盎然。此时中国南方和北方地区各有不同景象，秦岭以南此时已呈气清景明之象；秦岭以北刚刚断雪，温度始升，春意刚刚降临大地。

在中国古代，清明节气有着重要的农事意义。早春时节，农民们开始进行种田、耕作等农活，为后期的收成打下基础。清明时节，阳光充足，自然环境逐渐恢复，大地万物生机勃勃，正是进行农事活动的好时机。

除了农事意义，清明节气还有丰富的文化内涵。清明时节，人们纪念逝去的亲人祖先，表达对他们的怀念之情。同时也有祈求五谷丰登、国泰民安等美好愿望的传统。

2. 民俗

(1) 扫墓祭祖：清明节时，人们会前往祖先墓地，扫除墓前杂物，献上鲜花、食品、饮料等祭品，并向祖先表达思念之情。

(2) 踏青：清明时节，大自然万物复苏，草木生长繁茂，是旅游、踏青的好时节。人们会到郊外或公园踏青，享受大自然的美好。

3. 居家生活习惯

(1) 荡秋千：这是我国古代清明节习俗。在古代，秋千常常使用树丫枝作为支架，再拴上彩带做成。随后经过不断演变，最终成为用两根绳索加上踏板的秋千，至今仍是人们特别是儿童的休闲娱乐方式之一。

(2) 鞠是一种皮球，球皮用皮革做成，球内用毛塞紧。蹴鞠，就是用双脚去踢球。在古代清明节，人们常常会进行这样的游戏。

(3) 拔河：早期叫"牵钩""钩强"，唐朝始叫"拔河"。它发明于春秋后期，开始盛行于军中，后来流传于民间。唐玄宗时曾在清明节举行大规模的拔河比赛。从那时起，拔河成为了清明习俗。

(4) 植树：艳阳高照，天气晴朗，种植树苗成活率高，成长快。自古以来，我国就有清明植树的习惯。

4. 农业种植相关知识介绍

清明时节，气候变化较大，这个时节阳光明媚、草木萌动、百花盛开，生机盎然。此时中国南方和北方地区各有不同景象，秦岭以南此时已呈气清景明之象；秦岭以北刚刚断雪，温度始升，春意刚刚降临大地。北方旱作和江南早、中稻进入大批播种的适宜季节，人们纷纷挽起袖子，卷起裤管，下田劳作。但在清明前后，仍然时有冷空气入侵，甚至使日平均气温连续3天以上低于12℃，造成中稻烂秧和早稻死苗，所以水稻播种、栽插要避开冷尾暖头。在西北高原，牲畜受严冬和草料不足的影响，抵抗力弱，此时需要严防开春后的强降温天气对老弱幼畜的危害。

(六) 谷雨

1. 气候

谷雨是春季的最后一个节气。斗指辰，太阳黄经为30°；于每年公历4月19—21日交节。谷雨取自"雨生百谷"之意，田地中的秧苗初插、作物新种，最需要雨水的滋润，而此时的降雨量充足而及时，谷类作物能茁壮成长。与雨水、小满、小雪、大雪等节气相似，谷雨也反映了特定的降水现象，是古代农耕文化对于节令的反映。

秦岭—淮河是南方春雨和北方春旱区之间的过渡地区。谷雨时节，在中国南方地区，往往开始明显多雨，特别是华南，一旦冷空气与暖湿空气交汇，往往形成较长时间的降雨天气。而在中国北方地区，谷雨则意味着"终霜"。

春谷雨节气将"谷"和"雨"联系起来，表示降水状况和"雨生百谷"。谷雨最主要的特点是春雨绵绵，雨生百谷，反映了"谷雨"的农业气候意义，它是古代农耕文化对于节令的反映。谷雨节气后，气温升高，雨量增多，空气中的湿度进一步加大，极适合谷类作物生长。

2. 民俗

中国古代典籍中曾提到"雨生百谷"，"谷雨"从侧面表现了节气的农业气候意义。在谷雨节气，劳动人民喜欢进行摘谷雨茶、走谷雨、祭海、吃春、赏花等活动。

3. 居家生活习惯

（1）谷雨贴：又称"禁蝎咒"，属于民间绘画的一种，上面刻绘神鸡捉蝎、天师除五毒形象或道教神符，有的还附有"天上老君如律令，谷雨三月中，蛇蝎永不生""谷雨三月中，老君下天空，手持七星剑，单斩蝎子精"等文字。因谷雨之后气温升高，病虫害进入了高繁殖期，为了减轻病虫害对作物及人的伤害，农家一边进田灭虫，一边张贴谷雨贴，用这种形式寄托查杀害虫、盼望丰收与安宁的愿望。

（2）走谷雨：古时有"走谷雨"的风俗，谷雨这天青年妇女走村串亲，有的到野外走一圈就回来，寓意与自然相融合，强身健体。

4. 农业种植相关知识介绍

谷雨将谷和雨联系起来，蕴涵着"雨生百谷"之意，反映了"谷雨"的农业气候意义。俗话说，"春雨贵如油"，此时降水量增加，气温迅速升高。田中的秧苗初插，一些作物也是新播种的，在雨水滋润下才能茁壮生长。谷雨节气后，天气较暖，降雨增多，空气中的湿度逐渐加大，非常适合谷类作物的生长。谷雨时节也是越冬作物冬小麦的抽穗扬花期，春播作物玉米、棉花的幼苗期，这些作物都需要充沛的雨水来促进发育生长。

（七）立夏

1. 气候

立夏的来历源于它的到来预示着盛夏时节的正式开始。万物到了生长的最佳时机，所以有了立夏节气的说法。在民间也孕育出"立夏落雨，谷米如雨""立夏不热，五谷不结"等关于立夏的民俗谚语。《月令七十二候集解》中写道："立夏，四月节。立字解见春。夏，假也。物至此时皆假大也。"在天文学上，立夏表示即将告别春天，是夏天的开始。在中国传统文化中，劳动人民认为立夏意味着温度升高，炎暑将临，雷雨增多，农作物进入快速生长期。立夏表示万物进入旺盛生长的一个重要节气。

2. 民俗

立夏这天，许多地方有吃"立夏饭"、吃蛋、秤人和"尝三新"等习俗。这段时间，人们可能会有新陈代谢加快、心脑血液供给不足等症状，伴随有烦躁不安和倦怠懒散的消极情绪，故应规划好工作和休息的时间，补充缺少的营养物质，搭配适合自己的养生保健方法。江南的立夏习俗里有所谓的"见三新"，就是吃些这个时节长出来的鲜嫩物。在江浙一带有"立夏尝新"的风俗。苏州地方有"立夏见三新"的谚语。根据资料记载，部分地区在立夏午饭过后还有秤人的习俗。人们在村口或台门里挂起一杆大木秤，秤钩悬一根凳子，大家轮流坐到凳子上面秤人。司秤人一面打秤花，一面讲着吉利话。人们认为这种做法能够让自己获得好运。

3. 居家生活习惯

（1）锻炼身体：立夏是一个活跃的季节，适合进行户外锻炼以增强身体抵抗力。可以选择早晨或傍晚时段进行散步、慢跑、骑车等运动，避免在气温过高时直接暴露于阳光下。

（2）合理安排作息时间：夏季日照时间长，不少人可能会感觉精力容易消耗，身体疲劳。因此，要适当调整作息时间，保证充足的睡眠质量。同时，根据工作量和个人情况，合理安排工作、学习和休息时间，避免过度疲劳。

（3）注意饮食：夏季气温高，人们的肠胃功能较为脆弱，因此应该注意食物清淡易消化，多吃水果、蔬菜、粗粮等富含纤维素的食物，避免过度油腻或刺激性的食物。此外，多喝水、绿茶等清凉饮品可以帮助降温解暑，调节身体状态。

4. 农业种植相关知识介绍

立夏前后是全国各地区进行早稻插秧的季节。"能插满月秧，不薅满月草"，这时气温仍较低，栽秧后要立即加强管理，早追肥、早耘田、早治病虫，促进早发。中稻播种要抓紧扫尾。茶树这时春梢发育最快，稍一疏忽，茶叶就要老化，正所谓"谷雨很少摘，立夏摘不辍"，要集中全力，分批突击采制。华北、西北等地大气干燥和土壤干旱常严重影响农作物的正常生长，尤其是小麦灌浆乳熟前后的干热风更是导致减产的重要灾害性天气，适时灌水是抗旱防灾的关键措施。立夏时节，万物繁茂。夏收作物进入生长后期，冬小麦扬花灌浆，油菜接近成熟，夏收作物年景基本定局，故农谚有"立夏看夏"之说。水稻栽插以及其他春播作物的管理也进入了大忙季节。立夏时节主要防治番茄早疫病、灰霉病、叶霉病等，黄瓜霜霉病、细菌性角斑病等，茄子褐纹病、绵疫病，豇豆锈病、根腐病等。害虫主要有小地老虎、蚜虫、菜青虫等。

（八）小满

1. 气候

小满是中国二十四节气之一，时间约在每年的5月21日至25日之间。小满的名称意为"谷子渐满，将成熟"，是中国传统农历中的一个重要节气。小满的起源可以追溯到古代农业社会，其主要由粮食收成的经验得来。

2. 民俗

在小满期间，大部分农作物开始渐渐成熟，收获的季节马上到来了。在中国，小满也被称为"冷食节"，这是因为在这一天之后，天气开始变热，不再适合吃热食，人们开始食用冷饮、凉菜等清爽食品。据传说，小满这一节气还有一个有趣的民俗活动，称为"捏蚯蚓"，人们会在泥土中捏出形似蚯蚓的小塑像，寓意收成丰收、产量颇丰。还有一些地区会进行"摄蒴""纳凉""逗水""屏藩"等活动，这些民俗传统都是为了庆祝这一丰收的节气。此外，小满还是中国传统医学中一个重要的节气，因为它标志着天气开始变热，人们的身体开始适应气温的变化，各种疾病也容易在这个时期发生，因此人们需要注意保健养生。在小满期间，适宜吃一些具有清热解暑、补益气血的食品，如绿豆汤、莲子糯米汤、黄瓜等。

3. 居家生活习惯

（1）养护植物：在小满时节，植物的生长速度很快，这时需要给植物注入充足的能量和养分。可以在阳光充足的天气，为花草浇水施肥、疏花垂果，促进其正常的生长发育，同时还能享受到身心得到休息的满足感。

（2）注重饮食健康：小满时节气温升高，身体容易失水，因此要多喝水，或者选择一些鲜果蔬菜汁来保持身体健康。同时，还应该控制饮食中的油腻和味精等刺激性物质的摄取量，可适度增加新鲜水果和时令蔬菜的摄入量。

（3）保持室内通风：在小满的时节，室内空气湿度大，要注意通风。可以定期开窗通风，也可以安装适当的除湿器、空气净化器等设备来消除空气污染和异味。

（4）防止夏季疾病：在小满时节，中暑、蚊虫叮咬、痢疾等夏季疾病会频繁出现。因此，要保持卫生习惯，预防疾病的发生，避免进食腐败变质食品和使用未经消毒的水源，外出时带好遮阳伞、防蚊液等防护用品，增强身体免疫力。

4. 农业种植相关知识介绍

小满节气期间南方的暴雨开始增多，降水频繁。民谚云"小满小满，江河渐满"。小满中的"满"，指雨水之盈。在北方地区小满节气期间降雨较少甚至无雨，这个"满"不是指降水，而是指小麦的饱满程度。在中国南方的稻作区，"小满"意味着插秧的时日到来了。"小满"是雨水丰盈时节，正值水稻插秧的大好时机，水稻进入插秧季。中国西南地区小麦已成熟收获，长江中下游陆续开镰。古时小满节气时新丝已行将上市，丝市转旺在即，蚕农丝商无不满怀期望，等待着收获的日子快快到来。

（九）芒种

1. 气候

"时雨及芒种，四野皆插秧。家家麦饭美，处处菱歌长。"芒种，是二十四节气之第九个节气，夏季的第三个节气，干支历午月的起始。斗指已，太阳黄经达 75°，于每年公历 6 月 5 日至 7 日交节。"芒种"含义是"有芒之谷类作物可种，过此即失效"。这个时节气温显著升高、雨量充沛、空气湿度大，适宜晚稻等谷类作物种植。

2. 民俗

关于芒种的习俗有送花神、安苗等。农历二月二花朝节上迎花神。芒种已近五月间，百花开始凋残、零落，民间多在芒种日举行祭祀花神仪式，即用各类传统食品恭送花神，表达感谢与敬佩之情，同时也寄托了第二年再次百花盛开的愿景。

在安徽省南部，从明代开始就广泛流传着安苗的农事习俗活动。在芒种时节，各地在水稻种植结束后都要举行安苗祭祀活动，以祈求秋天能够丰收，具体做法是用新麦面蒸发包，把面捏成五谷六畜、瓜果蔬菜等形状，然后用蔬菜汁染上颜色，作为祭祀供品，祈求五谷丰登、村民平安。

3. 居家生活习惯

（1）少食多餐，清淡饮食：芒种时节气温较高，人体水分损耗比较大，故要及时补充水分；同时，也不宜贪吃肉类等过于油腻刺激性的食品。在饮食上应多吃清淡易消化的蔬果、精细谷物食品，少吃夜宵，多餐少食，平衡营养，有规律地进食。

（2）室内清洁和通风：在芒种时节，气温较高，容易滋生细菌和病虫害，因此要经常保持室内清洁卫生。可以利用早上、傍晚等天气较凉爽的时间打开窗户通风换气，或使用空气净化器等设备消除异味和污染。

（3）劳动锻炼：芒种是一个繁忙的时节，我们也可以通过劳动锻炼身体，增强体质。可以选择户外活动如早晨或傍晚到公园或山林散步、跑步等，也可以在家中进行适当的力量训练、瑜伽或普拉提等运动，保持身体健康。

（4）预防疾病：芒种时节由于气温高湿度大，人们比较容易感冒、中暑和产生其他夏季疾病，因此要注意饮食卫生，多喝水、避免过分暴晒和晾晒，同时做好疾病预防工作。

4. 农业种植相关知识介绍

"芒种"含义是"有芒之谷类作物可种，过此即失效"。这个时节气温显著升高、雨量充沛、空气湿度大，适宜晚稻等谷类作物种植。农事耕种以"芒种"这节气为界，过此之后种植成活率就越来越低。芒种是一个耕种忙碌的节气，民间也称其为"忙种"。这个时节，正是南方种稻与北方收麦之时。在农业生产上，必须抓紧时间，抢种大春作物，及时移栽水稻。如果再推迟，由于"芒种"节气气温显著升高会使得水稻营养生长期缩短，而且生长阶段又容易遭受干旱和病虫害，最终到了秋天收割的时候，产量必然不高。民间把"芒种"称为"忙种"，农谚云"芒种忙、忙着种"。说明到了这个时节，已是农业耕种最忙的季节。民间有"芒种不种，再种无用"的谚语，这意味着这时节已是较晚的播种期，必须抢时播种。

（十）夏至

1. 气候

夏至是二十四节气的第十个，也是最早确定下来的节气，标志着最炎热的天气即将到来。

夏至一般在每年公历 6 月 21 日或 22 日。这一天，太阳直射北回归线，北半球白天最长，夜晚最短。北京地区，白天时长达 15 个小时，黑龙江漠河则超过 17 个小时。夏至过后，太阳直射点开始向南移动，北半球白天逐渐变短。中国大部分地区气温升高，日照强烈，午后或傍晚常易出现雷阵雨。江淮一带空气潮湿，阴雨连绵，正值梅子成熟期，所以称之为"梅雨季"。

2. 民俗

中国古代有"夏至日祭地"的习俗。地坛坐落于北京地安门外，与天坛遥相对应。夏至这一天，明清帝王都会率领众臣到此进行祭地活动，祈求风调雨顺、国泰民安。

我国多地民间有夏至祭祖的习俗，但与清明祭祖不同。夏至时节，农作物已经收获，农忙结束，人们制作各种食物，敬献给祖先，表达感激之情，祈求来年的好收成。

俗话说："冬至饺子夏至面。"在北方，一碗"夏至面"必不可少，家家户户都会做凉面。在南方的一些地区则有在夏至日吃馄饨的习俗，取混沌和合之意。

3. 居家生活习惯

夏至时期，生活环境宜清凉，饮食清淡，多吃蔬果杂粮，忌生冷食物，宜晚睡早起睡午觉,多喝水防头痛头晕,静息调心,忌夜卧贪凉,应适当锻炼身体,外出采取防晒措施。

4. 农业种植相关知识介绍

气温高、湿度大,不时出现雷阵雨,是夏至后的天气特点。夏至前后,淮河以南早稻抽穗扬花,田间水分管理上要足水抽穗,湿润灌浆,干干湿湿,既满足水稻结实对水分的需要,又能透气养根,保证活熟到老,提高籽粒重。古谚有云:"夏种不让晌",夏播工作要抓紧扫尾,已播的要加强管理,力争全苗。出苗后应及时间苗定苗,移栽补缺。夏至时节各种农田杂草和庄稼一样生长很快,不仅与作物争水争肥争阳光,而且是多种病菌和害虫的寄主,因此农谚说:"夏至不锄根边草,如同养下毒蛇咬。"抓紧中耕锄地是夏至时节极重要的增产措施之一。过了夏至,中国南方大部分地区农业生产因农作物生长旺盛,杂草、病虫迅速滋长蔓延而进入田间管理时期,高原牧区则开始了草肥畜旺的黄金季节。这时,华南西部雨水量显著增加,使入春以来华南雨量东多西少的分布形势逐渐转变为西多东少。如有夏旱,一般这时可望解除。

(十一)小暑

1. 气候

小暑,是二十四节气之第十一个节气,夏季的第五个节气。斗指辛,太阳到达黄经105°,于每年公历7月6日至8日交节。暑,包含着炎热的含义,小暑为小热,但仍不是最热的季节。中国南方地区小暑时平均气温为26℃,已是盛夏。南北各地也处于雷暴天气多发的时间段,并可能伴有大风、暴雨等极端天气。

2. 民俗

在古代,民间有小暑"食新"的习俗。小暑节气过后,劳动人民会品尝新米,并用最新收获的稻谷碾成米,做好饭供祀五谷大神和祖先,以此保佑下一年度能够风调雨顺。并将新打的米磨成粉,制成各种美食,与邻居乡亲分享,表达对丰收的祈愿。

3. 居家生活习惯

"倏忽温风至,因循小暑来。竹喧先觉雨,山暗已闻雷。"小暑节气一到,酷夏桑拿天的"高能预警"正式来袭。在这炎炎夏日,容易发生中暑的情况。人们应当"少动多静",注意补水和清淡饮食,安全度夏。

4. 农业种植相关知识介绍

小暑这个时节虽然阳光猛烈、高温潮湿、多雨,但对于农作物来讲,雨热同期有利于成长。小暑时节,华南西部进入暴雨最多季节,常年7、8两月的暴雨日数可占全年的75%以上,一般为3天左右。但在华南东部,小暑以后因常受副热带高压控制,多连晴高温天气，开始进入伏旱期。中国南方大部分地区这一东旱西涝的气候特点，与农业丰歉关系很大，必须及早分别采取抗旱、防洪措施，尽量减轻危害。华南、西南、青藏高原处于来自印度洋和中国南海的西南季风雨季中；而长江中下游地区则一般为副热带高压控制下的高温少雨天气，常常出现的伏旱对农业生产影响很大，及早蓄水防旱在此时显得十分重要。小暑前后，除东北与西北地区收割冬、春小麦等作物外，农业生产上主要是忙着田间管理。早稻处于灌浆后期，早熟品种大暑前就要成熟收获，要保持田间湿度。中稻已拔节，进入孕穗期，应根据长势追施穗肥，促穗大粒多。单季晚稻正在分蘖，应及早施好分蘖肥。

（十二）大暑

1. 气候

大暑，是二十四节气中的第十二个节气，也是夏季的最后一个节气。这时的天气甚烈于小暑，故名曰大暑。唐元稹有诗云："桂轮开子夜，萤火照空时。"中国古人将大暑分为三候："一候腐草为萤；二候土润溽暑；三候大雨时行。"每到大暑时节，由于气温偏高又有雨水，细菌容易滋生，许多枯死的植物潮湿腐化，到了夜晚，经常可以看到萤火虫在腐草败叶上飞来飞去寻找食物。

2. 民俗

自古以来，劳动人民都会在大暑节气的三伏天饮凉茶，亦称为伏茶。伏茶，即是三伏天饮的茶，由中草药制作而成，能够清凉祛暑。

大暑是一年中天气最热、湿气最重的时节，此时节养生保健的重点是"防暑"和"祛湿"。夏天炎热，人心易躁，为发泄暑气，人们会齐聚起来斗蟋蟀。

此外，在福建莆田，也有在大暑这天吃荔枝的习俗，本地叫"过大暑"。莆田人在大暑这天会将鲜荔枝浸在冷井水里，井水天然冷藏，荔枝冰凉鲜甜，这时候的荔枝滋味最惬意、最滋补。

3. 居家生活习惯

大暑节气养生重在一个"清"字，即在注重饮食"清洁"、机体"清热"的前提下，进行"清补"。

"清补"首先要祛湿。可以吃些清淡、易消化的食物，避免伤及肠胃道功能。像山药、莲藕等，都是进补的佳品，绿豆清暑、薏仁祛湿，特别是绿豆薏仁粥，可供大暑之季清热祛湿。

"清洁"是夏天饮食卫生的重中之重，高温天食物容易变质，会引起腹泻、胃肠道紊乱。开启过的饮料、食品等要注意密封、冷藏。除此之外还要关注食品保质期，不吃不洁或变质的食品。

夏季预防中暑,应注意合理安排工作,做到劳逸结合;避免在烈日下暴晒;注意室内降温;睡眠要充足;讲究饮食卫生。有条件的人,进入夏季后,宜常服用一些芳香化浊、清解湿热之方。

4. 农业种植相关知识介绍

大暑是一年中阳光最猛烈、最炎热的节气。农作物生长也最快。农耕生产与地理气候条件密切相关。季风气候是中国气候的主要特点,季风气候是大陆性气候与海洋性气候的混合型,季风气候表现为雨热同期,雨热同期有利于农作物成长。大暑节气,高温酷热、雨量充沛,是万物生长的时节。在高温季节,农作物生长旺盛,需要大量水分,而夏季正是中国降水最多、最集中的季节,高温期与多雨期一致,水热搭配好,对农作物的生长十分有利。

(十三)立秋

1. 气候

立秋,是"二十四节气"之第十三个节气,也是秋季的起始。斗指西南,太阳达黄经135°,于每年公历8月7日或8日交节。"立",是开始之意;"秋",意为禾谷成熟。整个自然界的季节转化是遵循秩序和规律的,在传统文化中,立秋阳气渐收、阴气渐长。在自然界,万物开始从繁茂成长趋向成熟。

2. 民俗

立秋与立春、立夏、立冬一起被称为"四立",也是古时"四时八节"之一。立秋时,许多地区会祭祀土地神,庆祝秋季的丰收。在古代,民间在立秋收成之后,会挑选一个黄道吉日,一方面祭拜感谢上苍与祖先的庇佑,另一方面则尝试新收成的米谷,以庆祝辛勤换来的收获。此外民间还有在"立秋"这天"贴秋膘""咬秋""啃秋"等习俗。

一直以来,在中国的农村地区,在立秋亦有占卜天气变化的民俗,还有以西瓜、四季豆尝新、奠祖、陈冰瓜、蒸茄脯、煎香薷饮等民俗活动。

3. 居家生活习惯

(1)早卧早起:"早卧"即为趁早卧床休憩,可调养人体中的阳气;"早起"即为趁早起床,则可使肺气得以舒展,防止收敛太多。通常而言,秋季以晚9点至10点入睡、早晨5点至6点起床比较合适。早起时在床上放松四肢,待气定神闲再开始一天的生活,对身体健康极有好处。

(2)不宜长时间使用空调:炎热季节,许多室内场合都开着空调,人们虽然躲避了炎热的天气，"空调病"却更易发作。尤其在立秋之后，天气早晚较凉，稍不注意，就会出现腹痛、上吐下泻、伤风感冒、腰肩疼痛等症状。预防有二法：一是立秋以后，早晚天气偏凉，空调开放时间不宜过长，夜里最好不开或只开除湿。二是处在空调环境中的人们经常喝点姜汤，对于预防"空调病"很有帮助。

（3）整理物品：首先，就是把同一类的物品收纳在一起，方便拿取，也整齐有序。我们可以用一些瓶子、小筐进行收纳。其次扔掉那些不用的、过期的、无法清洗的物品。它们的存在只会让房间更加拥挤。

（4）保持室内通风和清爽：有些卫生间没有窗户，那么地面清洁就十分重要。有些角落在积水的情况下非常容易滋生细菌。我们可以用干的拖把擦干，或用刮板把水刮干净。利用早晚时间进行通风，或使用空气净化器保持空气质量。

4. 农业种植相关知识介绍

立秋时节处于一年中的转折期，降水下降，湿度降低。从立秋开始，阳气渐收，万物内敛。在自然界，万物开始从繁茂生长趋向成熟。古代许多典籍古书对此都有记载。《尔雅》有云："秋为收成。"《月令七十二候集解》有云："秋，揪也，物于此而揪敛也。"《说文解字》对"秋"解释："秋，禾谷熟也。"秋天是禾谷成熟、收获的季节。秋后还有一伏，立秋前后中国大部分地区气温仍然较高，各种农作物生长旺盛，中稻开花结实，单晚圆秆，大豆结荚，玉米抽雄吐丝，棉花结铃，甘薯薯块迅速膨大，对水分要求都很迫切，此期受旱会给农作物最终收成造成难以补救的损失。"立秋三场雨，秕稻变成米""立秋雨淋淋，遍地是黄金"谈论的就是这个道理。

（十四）处暑

1. 气候

处暑，二十四节气之一，也是秋季的第二个节气。处者，止也。处暑是一个与温度有关的节气，过了处暑，就意味着天气渐渐转凉，有一种秋天到来的感觉。中国民间有一句著名的谚语——"立秋不是秋，秋在处暑后"，这是民众对处暑前后气象变化的总结。

2. 民俗

处暑时节，秋意逐渐变浓，这样的气候适合家庭成员一起出行郊野、欣赏美景。处暑结束后，暑气也随着消散，天上的云彩随着处暑的到来，也渐渐散开，不再像夏季大暑之时大片云朵凝结成块，故有"七月八月看巧云"的说法。

对于广大沿海地区的人民而言，处暑过后，渔民就可以收获，每年处暑时分，浙江省沿海都要在休渔期结束后举行一年一度的开渔节，欢送渔民开船出海打鱼，而渔民也会为当地送来物美价廉的海鲜产品。

处暑时节，我国两广地区有煲药茶的习俗。处暑过后天气仍然非常闷热，煲药茶可以缓解暑热。在这个时节，人们一般会到药店配制药方，然后在家自己煲药茶喝。

3. 居家生活习惯

（1）延长睡眠：在传统中医理论中，处暑时节之后人们的起居作息应该进行相应的调整，比如每天可以增加1小时的睡眠，同时还要保证有质量的午睡。

（2）多喝水：多喝水补津液，防止身体干燥。

（3）居室环境注意加湿：居家可使用加湿器，保持室内空气湿润。或在家中摆些花草或用水缸养些金鱼、早晚多往地上洒点水或用湿拖把擦地等都能达到居家加湿的效果。

（4）运动轻松平缓防出汗：秋季养生需注重"收和养"的原则，而保养体内的阴气则十分有益。因此，此时运动也应顺应这一原则，尽量选择轻松平缓的项目，特别是体质虚弱者要防出汗过多、耗损阳气。

4. 农业种植相关知识介绍

处暑，我国南方大部分地区这时正是收获中稻的大忙时节。一般年辰处暑节气内，华南日照仍然比较充足，除了华南西部，雨日不多，有利于中稻割晒和棉花吐絮。处暑时节，中国大部分地区林果和农作物陆续进入成熟期，农民加紧采摘，抢抓农时，进行水稻施肥、除草等田间管理。"处暑谷渐黄，大风要提防。"处暑以后，气温日夜差别增大，由于夜寒昼暖，作物白天吸收的养分到晚上储存，因而庄稼成熟很快。"处暑和田连夜变""处暑三日无肯谷""处暑三朝稻有孕""处暑满田黄，家家修廪仓"等，都说明处暑节气后，作物很快要收获。处暑以后是渔业收获的时期，中国沿海地区常会在此节气举行多种形式的活动，欢送渔民出海，期盼渔业丰收。

（十五）白露

1. 气候

白露，是"二十四节气"中的第十五个节气，表示孟秋的结束，仲秋的开始。"白露"代表自然环境中的寒气逐渐汇集。由于冷空气转守为攻，白昼虽然平和依旧，但傍晚后气温便很快下降，昼夜温差逐渐拉大。

2. 民俗

白露期间，各地民众主要会进行祭祀大禹、酿五谷酒、喝白露茶等民俗活动。

在太湖，当地人有"白露祭禹王"的风俗。禹王即是大禹，太湖畔渔民则称之为

"水路菩萨"。每年正月初八、清明、七月初七和白露时节,这里都要举行祭禹王的香会。

在温州等江南地区,也有过种类丰富的白露风俗习惯。在苍南、平阳等地,人们于此日采集"十样白"或"三样白",以煨乌骨白毛鸡或鸭子,据说食后可滋补身体,对关节炎等疾病的治疗有好处。

3. 居家生活习惯

(1)更换鞋袜:注意鞋袜的更换,因为寒气最容易从脚底或关节处侵入。拿出秋天的单夹鞋,夏天的鞋子该收起来,尤其是大网眼的运动鞋,露后脚跟的凉鞋尽量不要再穿。

(2)多食健脾开胃的食物:宜食薯类食物。红薯富含蛋白质、淀粉、果胶、纤维素、氨基酸、维生素及多种矿物质,健脾开胃,适宜白露时节。

4. 农业种植相关知识介绍

"白露"时节,热气散失,气温逐渐下降,寒气增长,农作物逐渐成熟。白露时节,正是中国各地大忙时节。东北地区,开始收获谷子、高粱和大豆,一些地方开始采摘新棉;同时,要给棉花、玉米、高粱、谷子、大豆等选种留种,及时腾茬、整地、送肥,抢种小麦。华北地区,各种大秋作物已经成熟,开始进行收获;秋收的同时,还得进行送粪、翻耕、平整土地等活动,及早做好种麦的准备工作。西北地区,冬小麦需要在白露时节进行播种。西南地区则有"白露白茫茫,谷子满田黄"的古谚,水稻和谷子须抓紧时间收割。

(十六)秋分

1. 气候

秋分是二十四节气中最早被使用的节气之一。每年的9月23日前后,太阳到达黄经180°时,由此进入"秋分"节气。

"秋分者,阴阳相半也,故昼夜均而寒暑平。"说的是秋天共三个月,秋分日居秋季90天之中,有平分秋季的意思。太阳在这一天直射地球赤道,全球大部分地区这一天昼夜均分。时至秋分,暑热已消,天气转凉,暑凉相分。正所谓"秋高气爽",因为云量少了,于是"秋高";因为温度降了,于是"气爽"。

2. 民俗

据考证,我国很早就以秋分作为耕种的标志了。在我国的华北地区有农谚说:"白露早,寒露迟,秋分种麦正当时。"谚语中指明了北方播种冬小麦的时间。

在岭南地区,有"秋分吃秋菜"的习俗。"秋菜"是一种野苋菜,当地人也称"秋碧蒿"。在秋分时节,许多村民都会去野外采摘秋菜,采回的秋菜一般与鱼片"滚汤",名曰"秋汤"。

有顺口溜道:"秋汤灌脏,洗涤肝肠。阖家老少,平安健康。"一年自秋,人们祈求的还是家宅安宁,身壮力健。此外,秋分还有送秋牛、粘雀子嘴、放风筝等传统习俗。不论是哪一种表现形式,无不寄予了人们对生命的敬畏和崇敬之情。

3. 居家生活习惯

(1) 放风筝:秋分期间是客家孩子们放风筝的好时候。尤其是秋分当天,甚至大人们也会参与。风筝类别有王字风筝、鲢鱼风筝、眯蛾风筝、雷公虫风筝、月儿光风筝等。

(2) 锻炼身体:秋季天气干燥,主要外邪为燥邪。秋分之前有暑热的余气,故多见于温燥;秋分之后,阵阵秋风袭来,使气温逐渐下降,寒凉渐重,所以多出现凉燥。要防止凉燥,就得坚持锻炼身体,增强体质,提高抗病能力。秋季锻炼,重在益肺润燥,如练吐纳功、叩齿咽津润燥功。饮食调养方面,应多喝水,吃清润、温润的食物,可以起到滋阴润肺、养阴生津的作用。

4. 农业种植相关知识介绍

秋分日后,太阳光直射位置南移,北半球昼短夜长,昼夜温差加大,气温逐日下降。秋分棉花吐絮,烟叶也由绿变黄,正是收获的大好时机。华北地区已开始播种冬麦,长江流域及南部广大地区正忙着晚稻的收割,抢晴耕翻土地,准备油菜播种。秋分时节,部分地区缺水少雨,而有些地区则是阴雨不断,都会影响"三秋"的正常进行,特别是连阴雨会使即将到手的作物倒伏、霉烂或发芽,造成严重损失。"三秋"农事繁重,"早"字为先。及时抢收秋收作物可免受早霜冻和连阴雨的危害,适时早播冬作物可争取充分利用冬前的热量资源,培育壮苗安全越冬,为来年奠定丰产的基础。

(十七) 寒露

1. 气候

寒露,是二十四节气之第十七个节气,秋季的第五个节气,是深秋的节令,干支历戌月的起始。进入寒露,时有冷空气南下,昼夜温差较大,并且秋燥明显。寒露以后,北方冷空气形成,我国大部分地区在冷高压控制之下,雨季结束。从气候特点上看,寒露时节,南方秋意渐浓,气爽风凉,少雨干燥。

2. 民俗

寒露时节,枫叶初红,人们习惯走出家门欣赏,"霜叶红于二月花"说的就是这个季节。赏枫叶的这个"赏"字有其独特含义，不是坐在窗台上或走到街道上看看叶子就算了，而是要用眼去看，用心去体会，才可以品味其中的意境。

寒露到，天气由凉爽转向寒冷。根据中医"春夏养阳，秋冬养阴"的养生理论，这时人们应养阴防燥、润肺益胃。于是，民间就有了"寒露吃芝麻"的习俗。

此外，由于寒露与重阳节往往相近，人们在这个时节还要吃花糕，寓意"步步高升"。

每个季节都有符合其精神气质的花。寒露到来的农历九月又称菊月，菊花是秋季的代表。和大多数春夏盛开的花不同，菊花在天气渐寒时开放，越是霜寒露重，越是开得艳丽。寒露三候中的"菊始黄华"，指的正是菊花在寒露时分盛开。菊花为寒露时节最具代表性的花卉，处处可见到它的踪迹。此外，由于接近重阳节，中国许多地方都会饮"菊花酒"。

3. 居家生活习惯

（1）讲养生，吃芝麻：寒露到，天气由凉爽转向寒冷。根据中医"春夏养阳，秋冬养阴"的养生理论，这时人们应养阴防燥、润肺益胃。于是，民间就有了"寒露吃芝麻"的习俗。芝麻，在《神农本草经》和《本草纲目》等医药学专著里都享有很高的评价，可广泛应用于食疗。还有谚语说："芝麻绿豆糕，吃了不长包。"这道出芝麻与绿豆都具有排毒的功能。用芝麻榨取的香油，不仅是热菜和凉拌菜的调味佳品，也广泛用于食疗解毒。

（2）菊花茶，补五脏：寒露到来的农历九月又称菊月，是菊花盛开的月份。和大多数春夏盛开的花不同，菊花是反季节的花，越是霜寒露重，越是开得艳丽。寒露三候中的"菊始黄华"，指的正是菊花此时普遍开放。在寒露这一天，古人有时要取井中的水用来浸造滋补五脏的丸药或药酒，而今天大家则喜欢多饮枸杞菊花茶。古时人们会用寒露后新上的枸杞泡澡，这样做可以使人精神焕发。今人如果嫌麻烦，那可以泡上一壶酒或茶，每天坚持喝，也能使皮肤光滑，色泽明亮。

4. 农业种植相关知识介绍

寒露后，如有强冷空气南下，南方容易出现气温低、风力大的寒露风天气。寒露风是秋季冷空气入侵引起明显降温而使水稻减产的一种冷害。它是南方晚稻生育期的主要气象灾害之一，多发生在中国南方农历寒露节前后，因此广东、广西、福建一带称寒露风，长江流域称秋季低温。寒露时节，北方应播种完小麦，不宜再迟，以免减产。南方应适时播油菜、种蚕豆等。华南地区将会出现一种灾害性天气——绵雨，其特点为：湿度大，云量多，日照少，阴天多，雾日自此显著增加，直接影响"三秋"

的进度与质量。因此要利用天气预报，抢晴天收获和播种。

（十八）霜降

1. 气候

霜降，是二十四节气中的第十八个节气，秋季的最后一个节气，是秋季到冬季的过渡。于每年公历 10 月 23 日至 24 日交节。进入霜降节气后，深秋景象明显，冷空气南下越来越频繁。霜降并非字面意思的白霜下降，而是指气温突然降低、昼夜温差逐渐增大。由于"霜"是天冷、昼夜温差变化大的表现，故以"霜降"命名这个表示"气温骤降、昼夜温差大"的节气。就全国平均而言，"霜降"是一年之中昼夜温差最大的时节，早晨和傍晚的天气较冷、中午温度较高，昼夜温差大，人体常常会感觉燥热不安。

2. 民俗

因为是秋天最后一个节气，故全国各地区都十分重视霜降，一些地区会进行祛凶、扫墓等民俗活动，以祈求风调雨顺，生活幸福安康。如在山东烟台等一些地方，霜降这一天人们要去西郊迎霜；在广东高明地区，霜降前有"送芋鬼"的习俗。在中国的一些地方，霜降时节要吃红柿子。高明地区的居民认为，红柿子不但可以御寒保暖，同时还能补筋骨，可以缓解温度变化对身体的影响。同时，霜降时节，正是菊花盛开之际。各地常常举行菊花会，以表达对菊花的喜爱和崇敬。此外，民间有"补冬不如补霜降"的说法。因此在霜降时节，"煲羊肉""煲羊头""迎霜兔肉"等食俗也就孕育而生。

3. 居家生活习惯

登高远眺：秋季山林、高山空气新鲜，大气中的浮尘和污染物较少。霜降时节登高远眺，既可使肺的功能舒畅，同时登至高处极目远眺，心旷神怡，还可舒缓心情。

4. 农业种植相关知识介绍

霜降节气后，冷空气活动愈加频繁，昼夜温差变大。霜降时节，北方大部分地区已在秋收扫尾。即使耐寒的葱也不能再长了，因为"霜降不起葱，越长越要空"。在南方，却是"三秋"大忙季节，单季杂交稻、晚稻才在收割，种早茬麦，栽早茬油菜；摘棉花，拔除棉秸，耕翻整地。秋季山林、高山空气新鲜，大气中的浮尘和污染物较少。

（十九）立冬

1. 气候

立冬是二十四节气之第十九个节气，也是冬季的起始。斗柄指向西北，太阳黄经达225°，于每年公历11月7日至8日交节。立，建始也；冬，终也，万物收藏也。立冬，意味着开始闭蓄，万物进入休养、收藏状态。其气候也由秋季少雨干燥向阴雨寒冻的冬季气候过渡。

在南方地区，从立冬至小雪期间，常会出现风和日丽、温暖舒适的"小阳春"天气，在民间有"十月小阳春"一说，正所谓"八月暖九月温，十月还有小阳春"。在南方初冬时节一般不会很冷，随着时间推移，在冬至后冷空气频繁南下，气温逐渐下降。

立冬后北方大部分地区将出现雨雪降温天气。华北部分地区的初雪常在此时降临。东北和西北地区，这个时候已经是大雪纷飞的景象了，尤其是东北黑龙江地区，已经异常寒冷，这里早在立冬到来之前就已经呈现冬天景象。冷空气不断发力，也让北方地区陆续迎来供暖季。

2. 民俗

北方有吃饺子的习俗。在南方，往往会选择吃一些鸡鸭鱼肉。萝卜炖羊肉、姜母鸭、糖醋鱼等菜品都是进补的好选择。此外，气温低可以抑制微生物滋长，立冬天冷适合酿酒，所以，绍兴黄酒选择立冬这一天开酿。

3. 居家生活习惯

立冬后，就意味着今年的冬季正式来临。草木凋零，蛰虫休眠，人类虽没有冬眠之说，但民间却有立冬补冬的习俗。谚语"立冬补冬，补嘴空"，古时农民劳动了一年，利用立冬这一天要休息，顺便犒赏一家人的辛苦，便在立冬这天杀鸡宰羊或以其他营养品进补。

在北方，立冬的规矩是吃饺子，因为水饺外形似耳朵，人们认为吃了它，冬天耳朵就不受冻。此外，饺子谐音"交子"，意指立冬是秋冬季节之交。

4. 农业种植相关知识介绍

立冬前后，果树大都都进入采收后的管理时期，为保障果树安全过冬，除了必要的冬灌外，还要注意果树冬剪及树干涂白等管理。果树冬剪要先修剪盛果期树，后剪初果期树及幼树，果树冬剪可以帮助树体贮藏养分，为保留下的枝、芽生长做准备。立冬前后进行树干涂白能消灭大量在树干上越冬的病菌及害虫，从而保障来年果树的健康生长。

（二十）小雪

1. 气候

小雪是二十四节气中的第二十个节气，冬季第二个节气，时间在每年公历

11月22日或23日，此时太阳到达黄经240°。小雪反映了降水与气温的变化，它是寒潮和强冷空气活动频率较高的节气。小雪节气的到来，意味着气温下降、降水量上升。

小雪节气，表明我国大部分地区已确立比较稳定的经向环流，西伯利亚低压或低槽东移，导致大规模冷空气南下，从而带来大范围大风降温天气。这时候如果出现降水，很有可能转化为雪夹雨或雪化雨。

2. 习俗

腊肉、香肠等熏制，风干肉制品，在我国有悠久的历史，也是小雪节气前后人们必备的食品。今天的人们一般将这些作为一种美食，但在古代，这主要还是一种冬日里储藏肉食的方法，此时气温降低，湿度降低，环境干燥，比较适合加工腊肉，所以民间有"冬腊风腌，蓄以御冬"的说法。

部分地区的人们会在小雪之后开始酿酒，大部分家庭已经开始准备过冬的衣物和器具。

3. 居家生活习惯

在秦岭以南，糍粑是小雪时节的小食。糍粑是用糯米蒸熟捣烂后制成的，是中国南方一些地区流行的美食。古时，糍粑是南方地区传统的节日祭品，最早是农民用来祭牛神的供品。有俗语"十月朝，糍粑禄禄烧"，就是指的祭祀事件。

4. 农业种植相关知识介绍

人们常说："小雪雪满天，来年必丰年。"其实有着三层不同的含义，第一层是气候方面，小雪落雪，来年雨水均匀，无大旱涝；第二层是驱虫除害方面，下雪可冻死一些病菌和害虫，来年减轻病虫害的发生；第三层是田地农事方面，积雪有保暖作用，利于土壤的有机物分解，增强土壤肥力。民间有"冬腊风腌，蓄以御冬"的习俗。小雪时节气温急剧下降，天气变得干燥，是加工腊肉的好时候。一些农家开始动手做香肠、腊肉，把多余的肉类用传统方法储备起来，等到春节时正好享受美食。很多地方都有冬季吃腊肉的习俗，尤其是南方城市，更是对腊味情有独钟。

（二十一）大雪

1. 气候

大雪是二十四节气中的第二十一个节气，冬季的第三个节气。交节时间为每年公历12月6日至8日。大雪节气是干支子月的起始，标志着仲冬时节正式开始。大雪反映了该阶段的气候特征，大雪节气的特点是气温显著下降、可能会伴有显著降雪。

《月令七十二候集解》说:"大雪,十一月节,至此而雪盛也。"因"雪"是寒冷的产物,代表寒雨天气,这节气的特点是气温显著下降,强冷空气往往能够带来雨或雪。"大雪"名称是个比喻,反映的是这个节气期间气候变化,寒流活跃气温下降、降水增多,并不是表示这个节气期间下很大的雪。但是大雪节气之后,天气会越来越冷,下雪的可能性大增。

2. 民俗

大雪节气前后,气温下降,大江南北的人们都会腌制"咸货"。

常言道"小雪封地,大雪封河",秦岭以北有"千里冰封,万里雪飘"的壮美景色,秦岭以南有"雪花飞舞,漫天银色"的秀美风光。大雪节气,河水转化为冰,滑冰嬉戏等运动即可开展。

大雪时节寒冷,古时候不少地区都有冬季储存冰的习俗,冬天把冰块储藏起来,夏天使用。

3. 居家生活习惯

大雪是"进补"的好时节,素有"冬天进补,开春打虎"的说法。冬令进补能提高人体的免疫功能,促进新陈代谢,使畏寒的现象得到改善。冬令进补还能调节体内的物质代谢,使营养物质转化的能量最大限度地贮存于体内,有助于体内阳气的升发,俗话说"三九补一冬,来年无病痛"。

4. 农业种植相关知识介绍

"大雪"节气的特点是气温显著下降、降水量比秋天与初冬时增多了。北方地区冬天白茫茫一片,冰天雪地,基本上没办法种植作物,此时北方地区田间管理也很少,属农闲时节。南方地区小麦、油菜等作物仍在缓慢生长,加强春花作物田间管理很重要。大雪时节,常会出现降温、暴雪、冻雨、雾凇、流凌等天气灾害。若受冻害,还要及时松土增肥、蓄水提温、加强中后期管理,力争把冻害损失减小到最低限度。

(二十二)冬至

1. 气候

在冬至,北半球各地白昼最短、黑夜最长。冬至也是太阳直射点北返的转折点,这天过后它将走"回头路",太阳直射点开始从南回归线向北移动,北半球白昼时间将会逐渐增长。虽然冬至当天的太阳低、白昼短,但这一天的气温并非最低。因为此时地表尚有"积热",而真正的严寒是在冬至之后。由于中国各地的气候相差悬殊,这种气候意义的冬季对于中国大多数地区来说,显然偏迟。冬至来临,寒冷也将正式到来了。

2. 民俗

包饺子：每年农历冬至这天，饺子是全体中国人都喜爱的节气美食，也是情感寄托。民间曾说："冬至到，家家户户吃水饺。"冬至吃饺子，是不忘"医圣"张仲景"祛寒娇耳汤"之恩。至今南阳仍有"冬至不端饺子碗，冻掉耳朵没人管"的民谣。

苏州酿酒：姑苏地区十分重视冬至节气，姑苏地区有一句广为流传的谚语："冬至如大年。"姑苏当地家庭会在冬至夜喝冬酿酒。这是一种米酒，在酿造时加入了桂花，香气宜人。在冬至夜品尝冬酿酒的同时，当地人民还会配以卤牛肉、卤羊肉等各式各样的卤菜。在寒冷的冬天，冬酿酒不仅能够驱寒，更是寄托了姑苏人对生活的一种美好祈愿。

山东滕州羊肉汤：相传，汉高祖刘邦在冬至这一天吃了樊哙煮的羊肉，觉得味道特别鲜美，大加赞赏。这个故事流传到民间后，各地人民便形成了冬至吃羊肉的习俗。人们纷纷在冬至这一天，吃羊肉以及各种滋补食品，以求来年幸福安康。现山东滕州一带，冬至家家都要喝羊肉汤。

3. 居家生活习惯

冬至时为了纪念祖先，缅怀祖辈，人们会在这一天备足祭品前去扫墓，中国南方一些地区都有冬至扫墓的习俗。

冬至时，人们会数九（"数九"又称"冬九九"，是中国民间用来计算寒天与春暖花开日期的方法），九九消寒期间人们会制九九消寒图、写九九歌、写九九对联等。

4. 农业种植相关知识介绍

冬至时期的农事活动包括兴修水利、大搞农田基本建设、积肥造肥等。中国江南地区，田间地的越冬害虫较多，更应加强冬作物的管理，清沟排水，培土壅根，对尚未犁翻的冬壤板结要抓紧耕翻，以疏松土壤、增强蓄水保水能力，并消灭越冬害虫。已经开始春种的南部沿海地区，则要认真做好水稻秧苗的防寒工作。

（二十三）小寒

1. 气候

小寒是二十四节气中的第二十三个节气，冬季的第一个节气，干支历子月的结束与丑月的起始。斗指子，太阳黄经为285°，于每年公历1月5日至7日交节。冷气积久而寒，小寒是天气寒冷但还没有到极点的意思，它与大寒、小暑、大暑及处暑一样，都是表示气温冷暖变化的节气。小寒节气的特点就是寒冷，但是却还没有冷到极致，梅花正是盛开之际。

小寒时节，太阳直射点还在南半球，北半球的热量依旧不断消散，白天吸收的热量还是少于夜晚释放的热量，因此北半球的气温还在持续降低。冬至之后，冷空气频繁南下，气温持续降低，并在一年的小寒、大寒之际降到最低。民间有云："小寒时处二三九，天寒地冻冷到抖"，小寒时期的气温之低足以表现。根据中国长期以来的气象记录，在北方地区小寒节气比大寒节气更冷，在北方有"小寒胜大寒"一说；但对于南方部分地区来说，全年最低气温仍然会出现在大寒节气内。

2. 民俗

我国北方各省，入冬之后天气寒冷，河流结冰时间长。春冬之间，河面结冰厚实，冰上行走皆用爬犁。爬犁或由马拉，或由狗牵，或由乘坐的人手持木杆如撑船般划动，推动前行。冰面特厚的地区，大多设有冰床，供游人娱乐，也有穿冰鞋在冰面竞走的活动，在古代被称为冰戏。

腊八节气通常在小寒到大寒之间到来，此时年关将近。腊八这天，南北各地都有喝腊八粥的习俗，相传这一习俗起源于佛教文化。

3. 居家生活习惯

小寒接近春节，人们开始忙着写春联、剪窗花，赶集买年画、彩灯、香火等，陆续为春节作准备。在北方部分省份，由于冰面较厚，在这一天也演变出了"冰戏"的风俗习惯。

4. 农业种植相关知识介绍

由于中国南北地域跨度大，所以，同样的小寒节气，不同地域会有不同的生产农事。在北方，大部分地区田间已经没有太多的农活，都进行歇冬，主要任务是在家做好菜窖、畜舍保暖、造肥积肥等工作。而在南方地区则要注意给小麦、油菜等作物追施冬肥，海南和华南大部分地区则主要是做好防寒防冻、积肥造肥和兴修水利等工作。

（二十四）大寒

1. 气候

大寒是二十四节气中的最后一个节气。斗指丑，太阳黄经达300°，于每年公历1月20日左右交节。大寒与小寒相似，蕴含着该时间阶段天气的寒冷程度，大寒是天气寒冷到极致的意思。大寒节气处在三九、四九时段，此时寒潮南下频繁，全国各地都进入到一年中的最寒冷的阶段。

大寒在岁终，冬去春来，大寒一过又开始新的一个轮回。在中国一些地方，每到大寒至立春这段时间，有很多重要的民俗，如除旧布新、制作腊味以及祭灶、尾牙祭等。尾牙祭，亦称"做牙""做牙祭"等，民间有做完牙祭后全家坐一起"食尾牙"的习俗。流行的年尾"年会"是"尾牙祭"的遗俗。

2. 民俗

每到大寒节气,人们便开始忙着为过年准备、奔波——赶年集、买年货,写春联,准备各种祭祀供品,扫尘洁物,除旧布新,准备年货,腌制各种腊肠、腊肉,或煎炸烹制鸡鸭鱼肉等各种年肴。

传统的大寒时节,各地家庭会储备芝麻秸,取"芝麻开花节节高"之意。除夕夜,人们习惯将芝麻秸撒在行走之外的路上,供孩童踩碎,谐音吉祥意"踩岁",同时以"碎""岁"谐音寓意"岁岁平安",讨得新年好口彩。这也让大寒节气多了一层驱凶迎祥的意味。

大寒这一天,商人有设宴款待为自己劳作了一年的伙计们的风俗,而白斩鸡也是餐桌上不可缺的一道菜。据说鸡头朝谁,就表示雇主明年要解雇谁。因此许多雇主选择将鸡头朝向自己,以使员工们能放心地享用佳肴,回家后也能安安稳稳过年。

在北京,吃"消寒糕"的习俗由来已久。"消寒糕"是年糕的一种,不但因其糯米比大米含糖量高,食用后全身感觉暖和,有温散风寒、润肺健脾胃的功效,而且老百姓选择在"大寒"这天吃年糕,还有"年高"之意,蕴含着劳动人民对吉祥如意、年年平安、步步高升的期盼。

3. 居家生活习惯

在中国一些地方,每到大寒至立春这段时间,有很多重要的民俗,而由于中国南北地域跨度大,所以,同小寒节气一样,不同地域会有不同的生产农事。

作为年尾最后一个节气大寒,虽是农闲时节,但家家都在"忙"——忙过年,此即"大寒迎年"的风俗"除尘",又称"除陈""打尘",就是大扫除:"家家刷墙,扫除不祥",把穷运扫除掉;反之,"腊月不除尘,来年招瘟神"。除尘一般放在腊月二十三、二十四进行,即"祭灶"日,除尘时要忌言语,取"闷声发财"之意。

4. 农业种植相关知识介绍

大寒在岁终,冬去春来,大寒一过,又开始新的一个轮回。大寒时节,在农业生产中要掌握好冷暖变化规律,根据不同的年份、不同的地理位置、地形条件等,合理种植农作物,避免出现不必要的损失。冬至之后冷空气频繁南下,气温持续降低,在小寒大寒节气温度降到最低。在北方地区,这时期田地已被冰雪覆盖,没有农活。南方地里没有冻结,农事活动尚可进行。

二、团学活动介绍

（一）雨水

习惯养成活动：春雨贵如油；有收无收在于水，收多收少在于肥；春天粪筐满，秋天粮仓满；春天比粪堆，秋后比粮堆。从农事活动规律影响学生，新学期应开始知识的积累，养成良好的学习习惯，落实学业进度要求。

活动宗旨：雨水节气一般临近新学期开学，此时指导学生根据新学期、新年规划调整作息，形成良好学习和生活习惯，重新适应学校学习和生活。

开展形式：主题团日活动、团小组会、班团干部和学生党员和同学之间谈话、班团骨干座谈会、园区自习室建设、学生组织、社团学生干部大会。

覆盖对象：全校学生。

预期效果：快速帮助青年学生在新学期养成良好的行为习惯，从寒假、过年的假期节奏中转变过来，形成同学间增强互动交流的氛围。

（二）惊蛰

1. "寻找苏醒的大自然"摄影大赛

活动宗旨："春雷惊百虫，万物始生长。"惊蛰是万物复苏的节气，该活动鼓励同学们通过镜头捕捉春天的生机，在欣赏美景的同时，感受古人对于二十四节气的精妙凝练。

开展形式：摄影大赛。

覆盖对象：全校学生。

预期效果：在鼓励同学们走进大自然、欣赏大自然的同时，记录大自然，在提高审美能力的过程中，了解学习二十四节气的气候特点，传承发扬非物质文化遗产。

2. 集体劳动和农事活动启动：播种集体劳动和农场集中播种

活动宗旨：带动班团骨干开展集中劳动，落实"开心农场"播种，由班团骨干带动所在班级团支部青年学生开始轮流承担农场日常维护和劳动。

开展形式：集体劳动实践。

覆盖对象：劳动育人实践团队学生骨干、班团劳育委员。

预期效果：各班团支部明确农场日常维护活动分工，明确责任区域。

3. "惊蛰·交大寻宝"

活动宗旨：惊蛰时节，万物复苏，校园内的植物生机勃勃，春意盎然。该活动通过组织同学们在校园内趣味游园，欣赏初春美景的同时，树立保护校园环境的意识，在趣味活动中感受惊蛰，感受春天。

开展形式：游园活动，发布交大校园内的植物图鉴，参赛选手在校园内寻找对应的植物拍照打卡得分。

覆盖对象：全校学生。

预期效果：同学们在本次活动中了解植物常识，锻炼身体，在打卡校园植物的过程中，营造保护校园环境的氛围。

4. 二十四节气之惊蛰主题活动

活动宗旨：惊蛰，是二十四节气中的第三个节气。惊蛰反映着自然界生物受节律变化影响而萌发、生长的状态。时至惊蛰，阳气上升、气温回暖、春雷乍动、雨水增多，万物生机盎然。农耕生产与大自然的节律息息相关，惊蛰节气在农耕上有着相当重要的意义，本次开展春耕施肥活动，旨在激发同学们的劳动积极性和主动性，提高劳动和服务意识，树立劳动光荣的理念。

开展形式：清沟排水，降低田间湿度，提高农作物抗逆抗病性；及时摘除油菜的病老黄叶，摘下后带出田外集中处理；促进农作物根、茎、叶的生长，增加有效分枝数和角果数。

覆盖对象：全体本科生。

预期效果：

（1）引导同学们树立传承中华优秀传统文化的意识，了解二十四节气，促使同学们养成严谨求实、团结协作的作风。

（2）养成关注气象，关注节气，关注周围环境、自然灾害及社会发展的习惯，提高社会责任感。

（三）春分

1. 农场常态化管理

活动宗旨：保证农场农作物生长。

开展形式：以团学组织、班级团支部为单位开展劳动实践。

覆盖对象：团学组织团支部、班级团支部。

预期效果：学生通过参与劳动实践，明确春分节气期间应完成的农事的注意事项。

2. 农事活动普及讲座

活动宗旨：中国地大物博，学生来自五湖四海，通过讲解不同地方对应节气的农事活动，让学生了解农事活动知识。

开展形式：讲座、农场现场分享。

参与对象：班团骨干。

预期效果：学生了解所在家乡的农事活动规律，并进行分享讲解，邀请指导老师讲解成都地区农事活动和春分节气期间应开展的主要农事工作，现场指导各学院农场的农事实践。

3. 交大风筝节

活动宗旨：天气温暖、阳光明媚是春分时节最大的气候特征，中国民间就有春分放风筝的习俗，"交大风筝节"鼓励同学们自主设计制作一款风筝，选择合适的天气组织放飞，在培养学生审美能力的同时提升同学们的动手能力，学习制作风筝以及放飞风筝的技巧，感受古人的智慧结晶。

开展形式：风筝设计大赛，开设造型组和技术组两个赛道，造型组重在培养审美能力，技术组比拼动手能力。

覆盖对象：全校学生。

预期效果：举办"交大风筝节"，吸引广大学子前来参赛，通过有趣的风筝制作，体会继承传统文化的魅力，逐步形成弘扬中华优秀传统文化的校园氛围。

（四）清明

1. 祭奠英烈系列活动

活动宗旨：带领学生缅怀英烈，带领青年学生传承英烈精神，珍惜革命、改革的伟大成果。

开展形式：实践前培训会、市内社会实践。

参与对象：各班团支部组织所在班级学生参与。

预期效果：各班团学生参与度高，学生参与积极性强，通过活动帮助学生重温历史，缅怀革命先烈。

2. 春季劳育+美育系列活动

活动宗旨：清明节期间春暖花开，成都地区田间地头油菜花、桃花纷纷盛开，组织青年学生深入田间地头感受农事活动和自然美。

开展形式：以农村社区社会实践为主，可开展春季实践摄影大赛。

参与对象：各班团支部组织，全员参与。

预期效果：各班凝聚力增强，广大学生感受"五位一体"总体布局中生态文明建设的成果，各班级团支部产生的实践摄影作品可展示、展出。

3. 清明主题活动

活动宗旨：清明，是二十四节气之一，春季的第五个节气。清明是反映自然界物候变化的节气，这个时节阳光明媚、草木萌动、百花盛开，自然界呈现一派生机勃勃的景象。中国南方地区，此时已呈气清景明之象；北方地区开始断雪，气温上升，春意融融。清明节气，与岁时物候相关，常以指导农事，有天朗气清、春耕时宜之意。清明前后，种瓜点豆。为了传承中华优秀传统文化及锻炼大家的劳动能力，故开展本次开心农场种植活动。

开展形式：本次活动以开心农场为基础，新的一年，在开心农场种植新的作物。本次活动计划种植西红柿、黄瓜、辣椒及西瓜，事先准备幼苗。活动时间，大家挖好田垄，规划好地段，按计划种植幼苗，之后进行浇水及施肥，保证作物顺利生长。

涵盖对象：全体本科生。

预期效果：本次活动以种植作物的方式让大家理解二十四节气在古代对农业的指导作用，领悟优秀传统文化中的智慧，以更好地传承和弘扬优秀传统文化；同时，种植活动也让大家更了解我们的食物从何而来，了解到食物来之不易，有助于节约之风的养成。

（五）谷雨

学生感恩行动

活动宗旨：谷雨节气期间也是赏花时节，此前在农场栽种的鲜花可采摘或移栽入盆，赠送给老师，学生通过自己劳动创造出礼物向老师表达感恩之情。

开展形式：集中采摘、移栽实践。

参与对象：负责农场劳动实践的学生、教师典型代表。

预期效果：学生体会年度第一次收获，深化对劳动的认识，在感恩中体会收获，加深对社会主义核心价值观的理解。

（六）立夏

寝室集体大扫除劳动和夏季安全教育

活动宗旨：天气开始逐渐变热，如果不注意寝室环境，则容易产生异味，通过大扫除，减少蚊虫害虫，检查寝室安全隐患，开展夏季使用空调、电器等安全使用教育。

开展形式：寝室劳动实践、讲座。

参与对象：辅导员、团干部。

预期效果：寝室卫生得到较大改善，寝室不出现违章电器，学生养成外卖垃圾扔下楼、衣物及时清洗的习惯等。

（七）小满

1. 学风建设期中系列活动

活动宗旨：小满是农忙时节，学期教学安排也进入了课程设计、课程作业阶段，接近课程总结阶段。毕业班学生接近毕业设计答辩时期，在此期间农场实践活动常态化开展，需要加强检查督促，同时让青年学生意识到应进入"学忙"时间。

开展形式：团支部学风动员、学生学业自我督促检查、考风教育。

参与对象：辅导员、团干部、班团支部。

预期效果：学生开展查漏补缺，明确科目学习要求，开始认真总结课程学习，开展期末复习。

2. 集体劳动

活动宗旨：继续培育好农场种植的农作物，特别在此阶段，作物生长速度快，容易缺水，做到每日查看。

开展形式：团干部参与班团活动。

参与对象：辅导员、团干部、班团支部。

预期效果：农作物得到有效呵护，学生能够协调好学习和劳动实践的关系。

（八）芒种

集体劳动

活动宗旨：继续培育好农场种植的农作物，特别在此阶段，作物生长速度快，容易缺水，做到每日查看。

开展形式：团干部参与班团活动。

预期效果：农作物得到有效呵护，学生能够协调好学习和劳动实践的关系。

（九）夏至

1. 毕业生离校前最后一次集体劳动

活动宗旨：组织毕业生离校前最后一次集体劳动，通过开心农场集体除草、离校前寝室整理活动，帮助大学生留下大学劳育记忆。

开展形式：毕业班以班为单位参加开心农场除草，以寝室为单位开展寝室扫除。

参与对象：毕业班学生。

预期效果：夏至节气时间也是低年级学生考试周期间，毕业班参与，作为毕业季活动能够做到补充且能够赋予毕业季的意义。离校寝室恢复成入校时候的景象，有利于寝室文化的传承，有利于为毕业生寝室生活留下美好的记忆。

2. "交大观星"围炉夜谈活动

活动宗旨：北斗是由天枢、天璇、天玑、天权、玉衡、开阳、摇光七星组成的。古代汉族人民把这七星联系起来想象成为古代舀酒的斗形。北斗星在不同的季节和夜晚不同的时间，出现于天空不同的方位。古人根据初昏时北斗七星斗柄指向来决定二十四节气季节的变化。该活动将节气、星宿与如今流行的围炉煮茶结合起来，开展座谈，从天文到地理，从石器时代到社会主义现代化的今天，该活动为学生提供一个展现自己知识储备的平台，在知识交流中擦出火花，迸发年轻的力量。

开展形式：露天座谈会。

覆盖对象：各领域兴趣爱好者、团学组织骨干。

预期效果：该活动让校园内的天文、地理、历史、军事等学科爱好者充分展现自己的知识储备，在学科交叉中擦出火花、开拓思路，培养大学生拓展兴趣爱好，促进其综合能力的提升。

（十）小暑、大暑

1. "探寻节气非遗踪迹""三下乡"社会实践活动

活动宗旨：二十四节气作为中国非物质文化遗产之一，有着浓厚的历史底蕴，凝聚着古人的聪明才智，交大的学子来自五湖四海，各自的家乡都有不一样的民俗特色，通过社会实践活动，聚焦传统文化，深入非遗踪迹，探寻节气特色。

开展形式："三下乡"社会实践活动。

覆盖对象：全校学生。

预期效果：该活动丰富了社会实践活动的内涵，以二十四节气为主线，探索非遗踪迹，弘扬传统文化，促进文化输出，推动乡村振兴。

2. "家乡的节气"微视频大赛

活动宗旨：中华文化博大精深，全国各地的民俗各有特色，通过对自己家乡节气风俗、风景等的介绍，大赛旨在通过同学们的记录分享，展现出二十四节气这一非物质文化遗产的丰富内涵。

开展形式：线上微视频大赛。

覆盖对象：全校学生。

预期效果：该活动以新的形式，向全校同学展现祖国大好河山与优秀传统文化，有利于各地区文化交融，推动乡村振兴。

（十一）立秋

立秋主题活动

活动宗旨：立秋是二十四节气中的第十三个节气，也是秋季的第一个节气。到了立秋，梧桐树开始落叶，因此有"落叶知秋"的成语。在立秋这天的白天或夜晚，有预卜天气凉热之俗，还有以西瓜、四季豆尝新和奠祖的风俗，又有在立秋前一日，陈冰瓜、蒸茄脯、煎香薰饮等风俗。本次活动旨在让同学们了解传统二十四节气背景和习俗，使更多同学参与到劳动之中，感受独特的中国田园滋味。

活动形式：我们将于开心农场带领大家进行菠菜、胡萝卜的播种，后续我们将持续开展活动，便于同学可以直观感受植物的生长，获得成就感和满足感。

涵盖对象：全体本科生。

预期效果：

（1）以实践的形式让同学们了解传统二十四节气的背景及相关习俗。

（2）通过实践活动让传统文化"活起来"，促进同学们愿意主动了解传统文化，学习其中优秀部分，并将其传承下去。

（3）增强大家参与劳动活动的热情，体验劳动所获得的快乐与收获。

（十二）秋分

秋分主题活动

活动宗旨：秋分作为二十四节气之一，具备浓厚的文化底蕴，同时也对我国的农耕事业有着重要的指导作用。自2018年起，秋分成为"中国农民丰收节"。为了弘扬中国传统农耕文化，让同学们了解耕种，体验耕种；同时也为了丰富同学们的课余活动，培养劳动能力，感悟劳动精神，开展本次"开心农场之秋分耕种活动"。

开展形式：作为秋分农事活动之一的秋种，学生于此节气在开心农场亲自播种油菜、菠菜和莴笋，深度体验农事耕种的辛劳，同时开展秋收农作物展览，在作物成熟时邀请学生进行参观，一起感受劳动之美。

覆盖对象：全体本科生。

预期效果：

（1）加深同学们对于秋分乃至二十四节气的认识，弘扬中华优秀传统文化。

（2）让同学们在耕种的过程中感受农事活动的辛劳，增强同学们的勤俭节约意识。

（3）在作物成熟的时候，感受收获的喜悦，增强同学们的劳动认同感与劳动自信，培养"我爱劳动，我愿劳动"的崇高品格。

02 二十四节气劳动教育案例

春季案例 01

跟着节气去劳动
——谷雨厨艺大赛

土木工程学院（作者：刘萍、李阳阳、薛人铭）

一、案例主要内容概述

为全面贯彻落实中共中央、国务院《关于全面加强新时代大中小学劳动教育的意见》等文件精神，积极引导学生热爱劳动、崇尚劳动，培养正确劳动价值观和良好劳动品质。在春雨绵绵到来之际，聚佳肴美味，品人间温情，土木工程学院组织开展"谷雨厨艺大赛"。

"谷雨春光晓，山川黛色青"，谷雨，取自"雨生百谷"之意，自古以来就有品茗的习俗。本次厨艺大赛由土木工程学院主办，该活动面向西南交通大学全校本科生，依托学院"劳动文化节"劳育文化品牌，邀请"食话食说"选修课老师余洋洲担任指导老师及评委。比赛分为初赛和决赛，要求选手2~3人为一组自由组队参赛。初赛不限主题，自由烹饪，以色香味形意为打分标准，得分高者晋级。决赛中，晋级选手需以"妈妈的味道"命题烹饪，促使参赛选手在劳动教育背景下真切感受饮食文化的魅力，体验一场舌尖上的感恩之旅。

本次活动共有51支队伍报名，经过初赛的激烈角逐，共有10支队伍进入决赛，随着评委宣布比赛开始，选手们都开始了紧张的烹饪环节，从食材的处理、腌制到创意摆盘，选手们都动了不少脑筋，每一步都充满巧思，煎炸烹煮，选手们样样精通。在10组选手的共同努力下，10道色香味形俱全的精美菜品被制作完成。随着评委宣布比赛结束，选手们依次装盘，将作品端送到评审台上，以供评委打分。在评委评审

第二部分　二十四节气劳动教育案例

谷雨厨艺大赛

的同时，选手从菜品的故事背景、选材理由、制作工艺、创意设计等方面对菜品进行介绍，最终由评委给出分数。

人间四季，是与美食相伴的朝朝暮暮。进入大学后，来自五湖四海的交大学子相聚在天府之国，家乡的味道让人久久不能忘怀，食堂大多是"大锅饭"，众口难调，很难让所有同学吃到家乡的味道。"今天吃什么"成了永恒的饭前难题。学院举办谷雨厨艺大赛，该活动作为土木工程学院劳育品牌活动"劳动文化节"的特色活动之一，已成功举办5届，举办至今，共计有200余支队伍、500余名同学参与了该项活动，是学院内最受欢迎的活动之一。该活动为广大学子提供了展示厨艺的平台，锤炼了劳动品德、提高了劳动技能、弘扬了劳动精神，在一片欢笑声中为同学们展示了一场生动的劳动教育课。

二、案例特色

1. 传承传统文化节气的根脉

该活动于四月份举办，恰逢中华传统文化二十四节气中的谷雨时节，该时节处于春夏交接之际，春将尽、夏将至，气温升高，雨水增多，农作物蓬勃生长，人们在此时通常将初春保留下来的食材烹饪，因此，谷雨时节留下了品茗吃春的习俗。本次

选手烹饪过程

活动借此背景，鼓励同学们结合家乡特色习俗报名参赛，感受春天的气息和生活的美好，继承和发扬中华优秀传统文化并从中汲取劳动教育的智慧。

2. 心怀感恩，为爱烹饪

人间烟火气，最抚凡人心，决赛以"妈妈的味道"为主题，在劳动教育中融入感恩教育，学习妈妈的手艺，做一道专属于妈妈味道的菜，和妈妈分享比赛的过程、获奖的喜悦，在劳动中体会妈妈的辛勤付出，潜移默化地进行感恩教育，落实立德树人根本任务，将劳动教育根植生活之中，感受生活的真谛，理解劳动之美，切实增强劳动育人实效。

3. 劳动砺心智，实践促成长

"知者行之始，行者知之成"，该活动在培育价值导向的同时，找准劳动教育与实践育人的切入点和着力点，打破理论课堂与劳动教育实践之间的壁垒，将劳动教育的理念渗透到了日常实践生活中，使每位学生都能获得劳动体验、习得劳动本领、创造劳动价值、享受劳动成果。通过厨艺大赛促进同学们深耕劳育沃土，做到知行合一，让劳动教育真正"落地生根"。

三、案例推广价值

1. 把握兴趣导向

深入学生，了解学生，办学生感兴趣的活动，谷雨厨艺大赛打破传统的劳动教育形式，别具一格，把目光放在学生感兴趣的厨艺展示上来，给广大交大学子搭建起一个展示自己厨艺、分享自己家乡美食的平台，改变原先枯燥单调的授课式的模

厨艺作品展示

式，在有趣的活动中潜移默化地进行劳动教育。

2. 紧跟时事热点

在活动过程中，引导学生有意识地关注食品安全、营养均衡和环保节约等时事热点，借此来呼吁高校学生养成良好的生活习惯和饮食习惯，传承勤俭节约的优良传统，提升大学生的综合素质，有利于落实高校立德树人根本任务。

3. 提升基本技能

大学是学校生活和社会生活的过渡，掌握基本的生活技能是必要的，学院搭建实践交流平台，开展谷雨厨艺大赛，倡导大学生学习做菜、学习劳动，掌握基本的生活技能，帮助他们更好地适应社会，让学生在展示自己厨艺的同时，互相学习、取长补短，引导学生热爱生活、享受生活。

4. 落实三全育人

劳动教育是高校思想政治教育不可忽视的一项重要内容，直接关系着大学生人生观、价值观、职业观的形成，开展厨艺大赛，有特色地进行劳动教育，引导学生弘扬传统民俗文化，践行劳动精神，锻炼动手能力，实现全员全过程全方位育人，培养德智体美劳全面发展的社会主义建设者和接班人。

5. 弘扬传统文化

谷雨厨艺大赛等实践活动在传授生活技能的同时，更成为了弘扬传统文化、培育社会主义核心价值观的重要途径。通过劳动教育，学生能够深刻感悟到中华民族勤劳务实的传统美德，增强民族自豪感和文化自信。学生通过本次活动，树立了正确的劳动观，明白了只有通过实干笃行才能实现个人梦想、助力民族复兴。谷雨厨艺大赛等实践活动不仅促进了学生的全面发展，也为培养担当民族复兴大任的时代新人提供了新的思路。

跟着节气去劳动

——谷雨之劳动教育系列活动

机械工程学院(作者：郭子涵)

一、案例主要内容概述

春风送暖，万物复苏，机械工程学院以谷雨节气为契机，通过一系列参与式、体验式的服务型劳动育人活动，引导学生热爱劳动、尊重劳动，并培养他们的综合素质和团队协作能力。

谷雨节气正值学期中期，谷雨与立夏之交又恰逢劳动节，学生参加课外活动积极性高。机械学院依托学校搭建的劳动实践平台，提出聚焦"以劳树德""以劳增智""以劳强体""以劳育美"的"四位一体"劳动教育体系开展专项行动。

1. 通过"以劳树德"志愿服务行动，让正确劳动观念入脑入心

天气回暖，社会实践及志愿服务活动开展如火如荼。机械工程学院以品牌志愿服务活动为契机，依托学院青协开展"以劳树德"志愿服务行动，在志愿服务中落实劳

"爱情之美"——手工活动

"表达之美"——插花活动

动育人，在劳动实践中回报社会，激发学生的成就感和自我认同感，让正确劳动观念入脑入心。

机械学院在谷雨时期共举办以下4项"以劳树德"活动：

（1）"一步一捐"活动。绿色行走展环保之风，步履不停扬公益大旗。在运动的同时，以捐步数的形式参与

卡布里城小区周末爱心义教活动

志愿公益活动，借助"微信捐步"平台将捐步者捐赠 11 470 000 步数转化为公益与爱心，捐赠给不同需要的人。该活动将徒步和公益结合起来，不仅让大家养成多运动、更健康的生活方式，更营造了和谐友爱的社会环境，继承以往、打开思路，从小处入手、帮扶弱者，让世间美好的情感与温暖情怀相传。

（2）"翻书风——毕业季"活动。活动面向大四学生收集专业课、公共课课本以及优秀的文学作品，将其无偿捐献给有需要的交大学子。此外，设置了游戏区域，为大家提供缓解学业压力的场所。此次活动共有 544 人次参与，共捐赠 300 多本书籍。同学们积极参与游戏活动，现场氛围愉悦！

（3）卡布里城小区周末爱心义教活动。为了缓解小学生周末的作业压力，培养年轻一代的综合能力，机械工程学院青年志愿者协会与卡布里城社区合作举办卡布里城义教活动。义教活动共计开展 6 次，累计服务 180 人次。

（4）关爱"唐宝"活动。为让更多人了解"21-三体综合征"患者这一弱势群体，机械工程学院青年志愿者协会在每周四组织 5~6 名志愿者前往九里校区，去帮扶五块石龙湖天街附近的"21-三体综合征"患者，努力让患者们在帮扶的过程中收获日常生活的技巧，逐渐融入社会。本期"唐宝"活动共计开展 10 次，累计服务 60 人次。

2. 通过"以劳增智"创新引领行动，深化劳育内涵，构建劳动实践育人大格局

春季学期正处各类科创竞赛报名阶段，学术活动悉数"萌芽"。依托学院开阔的学术科技创新竞赛平台，发挥学院学术科技中心功能，积极组织学生参加创新创业大赛及相关志愿服务活动，构建劳动实践育人大格局。

谷雨前后，机械工程学院号召学生积极参与全国大学生机械创新设计大赛西南交

通大学校内选拔赛、中国大学生机械工程创新创意大赛等竞赛,同时依托这些竞赛开展劳动志愿服务,在活动中完成赛场赛程准备、岗位培训、流程指引、场地清理、计分颁奖等工作,在劳动实践中拓宽学生科创视野。

3. 通过"以劳强体"身心锻炼行动,扎实提升学生身体素质和劳动技能水平

机械工程学院以"集体劳动日"、园区劳动实践区、种植体验园等活动形式为载体,依托学院园区管理中心引导学生从生活环境、生活技能入手,在出力流汗中接受锻炼、磨炼意志,使学生切身体会到劳动成果来之不易,同时也为净化校园环境、建设美丽交大添砖加瓦。

机械学院在谷雨时期共举办以下3项"以劳强体"活动:

(1)校园清洁活动。本项目参与规模达100人次。100多名学生分为两次在相关劳动实践区域内进行拔除杂草、捡拾杂物、垃圾收集、单车摆放等方面的劳动。

(2)园区清扫装潢活动。本项目于集体劳动日活动期间开展,号召学院全体本科生围绕宿舍园区开展大扫除,2900多名学生在相关区域内进行垃圾清理、文件整理、地面清洁等方面的劳动。

(3)开心农场园艺体验活动。学院将开心农场的长方形土地划为3块,其中2块用于种植辣椒、茄子、番茄等易养活的时令作物,另一块种植月季、三角梅、蔷薇等园艺作物。由于农作物和花卉需要常浇水维护,这项活动在春季学期内每周多次定

开心农场种植体验活动

第二部分 二十四节气劳动教育案例

校园清洁活动

期开展,每月可覆盖达 200 人次,补齐覆盖面不足的短板。此外,每次开展前均可以进行种植知识科普,种植技能教学,将理论教学融入其中,保障劳动效果,丰富活动意义。

4. 通过"以劳育美"艺术体验行动,丰富劳育载体,创新劳育形式

机械学院在谷雨时期共举办以下 2 项"以劳育美"活动:

(1)"爱情之美"——手工活动。机械团建中心开展"悦动笔尖·约会浪漫"劳动实践活动,本期主题活动将通过两人搭档完成趣味手工制作,绘制专属于彼此的石膏娃娃,让大家在共同创造中收获幸福与快乐,感受爱情之美。此次活动有 40 人参与,在涂绘石膏娃娃时提高了同学们之间的默契感,拓宽了情侣面对问题时的解决思路。活动最后,同学们与自己的作品合影留念。

(2)"表达之美"——插花活动。机械工程学院青年志愿者协会开展"花饰五月天,情满母亲节"劳动实践活动,本期活动借由"表达之美",组织同学亲手制作花篮,值此熙春之际,为母亲制作一束感恩之花,借以特殊的节日表达对母亲深沉的爱。此次活动共有 30 人参与,在制作花篮的过程中,同学们不仅提高了对美的认识,也通过手中的花表达了对母亲的思念。活动最后,同学们与自己制作的花合影并给母亲送上祝福。

二、案例特色

该劳动教育系列活动开展紧贴谷雨时节特点，将传统文化与劳动育人相结合，兼具文化性和教育性，同时充分考虑该时期学院教学安排并发挥优势，将劳动实践与科创实践、党团实践、志愿服务活动相结合，强调发挥劳动教育的综合育人作用，在平台资源有限的条件下，尽可能拓展劳动实践活动覆盖面，打造由学生工作组牵头、多团学组织协力开展学院劳动实践教育活动的模式，给学生带来劳动观念、劳动技能、劳动习惯、劳动精神等方面的全面提高。

三、案例推广价值

以谷雨节气中的劳动教育系列活动案例为样板，机械工程学院在上一年度共开设社会实践与志愿服务类第二课堂课程51门，课程总学时数7452学时，覆盖学生共计3586人次，学生人均学时2.56学时。其中，开展校级实践项目13项，院级实践项目38项，围绕学院"四位一体"劳育体系开展的"以劳树德"志愿服务行动项目35项，"以劳增智"创新引领行动项目4项，"以劳强体"身心锻炼行动项目9项，"以劳育美"艺术体验行动项目3项。总体来看，学院的劳动实践工作打开了劳动育人新局面，结合学生的性别差异、专业特点以及身心发展情况，科学设计劳动目标和劳动内容，合理安排劳动时间和劳动强度，精心组织劳动过程，强化实践体验，切实提高劳动教育的针对性和实效性。相关课程注重新兴技术支撑和社会实践，准确把握新时代劳动育人特色，具有一定的推广价值。

跟着节气去劳动

——春分之社区义诊活动

生命科学与工程学院（作者：许青）

一、案例主要内容概述

"春分雨脚落声微，柳岸斜风带客归。"春分是一个特别的日子，包含了两层含义：一是春分平分春季，预示着春天已经过半；二是春分这一天日夜平分、阴阳各半，春分过后逐渐出现昼长夜短。这一个特殊的日子，受到历代医家、健康养生家的重视，在养生学上具有举足轻重的意义。为弘扬中华优秀传统文化之二十四节气，生命学院结合专业特色开展了社区义诊志愿服务活动。

春分之社区义诊活动合影

跟着节气去劳动
GENZHE JIEQI QU LAODONG

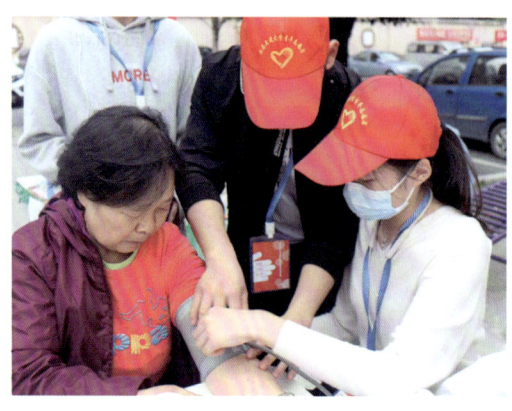 

春分之社区义诊活动

本次活动以犀浦镇芙蓉小区为活动开展场所，志愿者们秉持着"奉献、友爱、互助、进步"的志愿者精神来到社区群众中，开展简单义诊服务，普及健康知识，增强社区居民的健康意识，同时开展智能手机培训，助力社区老人跨越数字鸿沟。

活动前期，志愿者们深入社区了解社区居民的基本结构，开展问卷调研了解社区居民对于基本健康知识、过期药品使用、食品安全知识等的掌握情况，以及社区老年人使用智能手机的能力和需求等，根据调研结果，设计活动环节与内容，细化并完善具体方案，做好志愿者招募及培训、活动物资准备、活动宣传等工作。

活动主体可分为四个模块：一是为社区居民提供简单的义诊服务，倡导居民关注自身健康。结合本学院的专业特色，志愿者们为社区居民提供了血压、身高、体重、体温等基础体检指标的检测，现场教授紧急急救知识。在活动过程中，志愿者们将课堂所学转化为实践所用，既能深入理解所学专业知识，也用实际行动贡献青春力量。二是为社区居民提供过期药品回收服务，引导居民合理安全用药。结合社区居民组成，考虑到活动参与者大多是中老年人，家中常常囤积有过期药品，本次活动设置过期药品兑换生活用品的环节，让居民手中的过期药品得到合理回收。三是为社区居民普及食品安全知识，提高居民食品安全意识。结合问卷调研中居民对食品安全的了解情况，以图片或简短的文字的形式呈现相关知识点，以系列小游戏的形式引导居民参与答题，在游戏中对相关知识进行讲解，促进学习加深印象。四是为社区老人提供智能手机使用培训，助力居民开启智慧生活。以老年人视角制作简单易懂的智能手机教学讲义，介绍常用APP（微信、支付宝、天府通、国家反诈中心、学习强国等）使用方法，通过听讲解、记文稿、志愿者手把手指导等方式，使得老人们可以听得懂、看得明、学得进、用得好。

本次志愿服务活动覆盖小区 200 余名居民，通过简单体检服务、过期药品回收、食品安全知识普及等活动增强了居民的健康生活意识，提升了居民健康素养水平，倡导科学合理健康的生活方式；通过智能手机培训帮助社区老人学会了智能手机的使用，为他们的日常生活带来了便捷，缩短老年人与信息化社会的距离。本次活动受到了社区管理部门和社区居民等的一致好评。通过本次活动深入社区服务居民，志愿者们也深刻体会到劳动的意义和奉献的价值，进一步端正了自己的价值观，增强了社会责任感。

二、案例特色

节气与专业相融合。春分之后我国大多数地区会进入阳光明媚、春光灿烂的季节。天气由寒转暖，各种病毒和细菌也进入到了活跃期，因此春分之后也是很多疾病高发的时期。在本次志愿服务活动中，志愿者们充分利用专业所学知识，一方面为社区居民提供基础的体检服务，另一方面普及药品使用、食品安全等健康生活知识，充分发挥专业特长，帮助居民远离疾病保持健康。本次实践活动也深化了大学生对二十四节气的认识，增强了其对于中华优秀传统文化的认同感。

社区与学校相联系。本次活动让大学生志愿者们深入社区，走近社区居民，搭建了社区与学校的桥梁，一方面促进了社区的发展，推动了居民的健康生活，促进了和谐社区的建设；另一方面充分发挥了学校、学生在构建和谐社会中的辐射作用，促进了学生德智体美劳全面发展，丰富了生活体验，增强了社会责任感。

劳动与志愿相促进。劳动是人类社会生存和发展的基础，劳动教育是德智体美劳全面发展的主要内容之一。志愿服务是社会文明进步的重要标志，是培育和践行社会

春分之社区义诊活动

主义核心价值观的有效载体。本次活动让志愿者们在劳动中完成了志愿服务，弘扬了奉献、友爱、互助、进步的志愿精神，同时也通过志愿服务引导学生尊重劳动、体验劳动、热爱劳动，培养了良好的劳动品质。

三、案例推广价值

本次活动旨在关心关爱社区居民和老人，普及健康的生活知识和必备的智能设备操作，同时让大学生志愿者在实践中体悟中华优秀传统文化、增强对中华优秀传统文化的认同感。从活动形式上来说，本次志愿活动以问卷调研摸排社区居民的需求，以小游戏、口头讲授、文稿记录等方法普及知识，充分贴合社区居民的特点，形式新颖，寓教于乐；从活动内容上来说，开展简单义诊服务、过期药品回收、食品安全知识普及、智能手机使用培训等，充分贴近居民的需要，内容充实，干货满满；从活动意义上来说，本次活动充分融合了节气与专业的相关性，搭建了社区与学校的联系桥梁，达成了劳动与志愿的互促互进，活动组织可根据不同社区的特点与条件，开展形式各异、贴合社区居民实际的活动，整个活动的流程兼具了灵活性与可操作性，成效昂著，反响良好。

夏季案例

跟着节气去劳动

——芒种之持续推进创造性劳动课程

信息科学与技术学院（作者：甘升碧、廖凡）

一、案例主要内容概述

满身汗、一脚泥，已经不再是劳动教育的唯一"调性"。在新时代赋予新使命的背景下，劳动教育也"上新"——不仅"双脚扎进泥土里"，更要"头脑跟上新时代"。

芒种——"时雨及芒种，四野皆插秧。家家麦饭美，处处菱歌长。"一边收麦一边

参观作品

种稻，在这个农家最欢喜的节气，也有信息学子忙碌的身影，有同学正在进行"信息+"大学生课外科技创新实验竞赛活动的验收与答辩，有同学在全力准备全国普通高校大学生竞赛最高奖项。在丰富多彩的专业竞赛活动中，学生进行硬件电路的焊接、功能软件代码编写、现场的功能调试与测试……通过专业知识与劳动教育的有机结合，引导学生树立"理论指导实践，实践探寻真理"的实践观。

每年的3—6月，是学院的实验竞赛月，近三年，学院将思政元素、企业资源、专业技术、劳动实践、美育实践相融合，举办"信息+"大学生课外科技创新实验竞赛活动，形成红"芯"劳动教育品牌，结合信息学子需求，累计策划开展"智能+""安全+""光电+""软件+""创新+"5个模块，打造大学生科技文化艺术节。在劳育情怀养成模块，信息科学与技术学院以"红'芯'报国院士思政大讲堂"、"建功'芯'时代校友大讲堂"为平台，邀请中科院院士、中国工程院院士和五一劳动奖章获得者等知名校友进行分享，将家国情怀、科学家精神、创新精神、奋斗精神、攻坚克难精神等创新创业实践中所需的精神养分向学生进行分享。科创劳动实践则包括了智能车竞赛、七彩立方设计制作竞赛、彩色旋转LED设计制作竞赛等"劳育+美育"系列课程，以及中车四方所-西南交通大学电子设计专项赛、"西瓜创客"杯西南交通大学AI应用挑战赛等42余项赛事，覆盖学院全体本科生2000余位，在专业竞赛实践中奠基学生科创成长之路。学院在准备毕业生礼物时，师生将专业与美育相结合，用信息

第14届中国大学生计算机设计大赛一等奖团队

人硬核的建模与电路板为底色作画,留下信息人独一无二的"科创+美育"的创作作品,让这份作品在1 000余名毕业生心里留下美好的记忆。

个性化劳动创意作品,让红"芯"劳育有温度。电子设计与制作竞赛中,组装小车1.0版,组装小车2.0版,直到组装小车n.0版,电池板烧坏、电机堵转、PWM引脚不足,一次次遇到问题,又一次次地寻求解决的办法,礼炮小车的成功鸣炮,是对技术劳动者的最好赞歌。21 600个灯珠、30 000晶体管、90 000条线路,信息师生通过无数夜晚的线路连接、编程、调试……用信息人的双手亲手为祖国点亮一面祝福的五星红旗!AI应用挑战赛中,多个人物角色独立思考又分工协作的人工智能助手"卅"、AI绘画美化二维

仿真实验室学习

光立方竞赛程序调试

码、经典的三维装箱问题解决、AI智能物流小车……备赛的过程,是从零开始的过程,是在一次又一次的劳动创新中重塑的过程。

校企协同创新劳动模式,让红"芯"劳育有广度。创新创业是一项需要校内外协同、多元主体参与的系统工程,学院重视凝聚育人合力,发挥学校、企业、校友的育人能量,培育创新创业教育的"沃土"。在学校创新创业实验平台基础上,学院积极对接中车株洲所、中车四方所、和利时等优质企业,组织学生参与企业劳动实践和企业实地调研,让学生接触最前沿的学术研究和行业产业,推动创新创业和劳动教育落到实处,同时提升企业在应用型人才培养过程中的参与度,建设集产品设计、研发、生产于一体的产教融合劳动课堂。

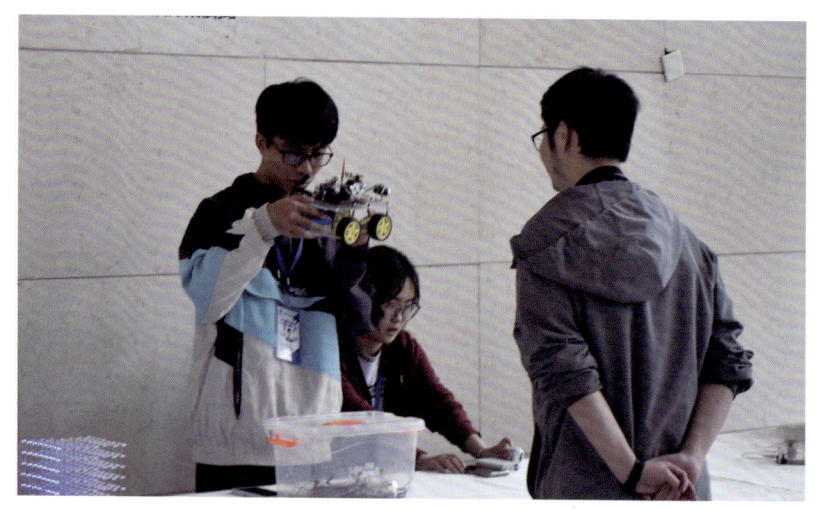

智能车调试展示

专业学科竞赛创佳绩，让红"芯"劳育有深度。学院同时积极组织学生参加"互联网+"大学生创新创业大赛、中国大学生服务外包创新创业大赛、全国大学生计算机设计大赛、全国大学生电子设计竞赛等 A 类竞赛 20 余项，比赛全程配备专业指导老师和竞赛组织团队，为学生的科创成长之路保驾护航，培养学生工匠精神，近三年，共计培养本科生荣获国家 / 省级奖励 860 余人次，其中国家级奖项 254 人次，省部级 606 人次，全面提高了学生创新创业实践能力。

二、案例特色

（1）该创新实践活动将劳动教育、创新创业教育和专业技能学习有机融合，打造劳动新形态，提升"劳动创造价值"新意识。

（2）创新实践活动周期覆盖全年，创新实践活动对象覆盖全体学生，实现创新育人和劳动育人的"三全育人"。

（3）实践成果方面，学生在创新实践中学习劳动技能，同时在创新创业竞赛活动中收获佳绩，提升个人专业技能，提升团队协作能力。

三、案例推广价值

1. 案例经验成熟

通过近几年的积累，信息学院将劳动教育和创新创业教育有机融合，经验模式趋于成熟，学院将持续深化创造性劳动实践，进一步深化劳动观念、创新劳动思维方式、革新劳动实践模式，真正实现理念引导与行动落实相结合，让学生在创新实践中学习劳动技能，体验产品制造全生命周期和劳动创造价值的成就感，培育大学生精益求精、追求卓越的"工匠精神"。

2. 案例长远价值

2020年教育部印发的《大中小学劳动教育指导纲要（试行）》明确提出："高校开展劳动教育时，要注重结合产业新业态、劳动新形态。"在伴随着人工智能、区块链、虚拟现实、智能制造等新技术变革的信息社会中，融入"劳动创造价值"意识的创新竞赛活动，在一定程度上实现了高等教育的知识生产和应用功能。同时，当劳动创造的个人价值与社会价值叠加时，将创造出更为深远的价值，既成就大学生个体的新发展，又增加大学生的使命感与幸福感，增强大学生的民族自信和爱国情怀。

跟着节气去劳动

——立夏之开心农场种植活动

物理科学与技术学院（作者：王娜、雍腾、夏荣林）

一、案例主要内容概述

莺啼春去，遇见立夏。立夏是二十四节气中的第七个节气，立夏表示告别春天，进入夏天。人们习惯上都把立夏当作是温度明显升高，炎暑将临，雷雨增多，农作物进入旺季生长的一个重要节气。

学院老师和同学们在立夏到来之际，开启了一场主题劳动教育实践，通过自己的辛勤劳作，亲手种植番茄、辣椒、南瓜等蔬菜，参与翻地、除草、种菜、浇水、施肥，精心培育，在实践中体悟"劳动最光荣、奋斗最幸福"的真谛，旨在激励同学们积极参与劳动实践，体验劳动的乐趣和成就感。在这里，同学们不仅能够感受到收获的喜悦，还能在实践中锻炼自己的沟通协作能力，提升各项技能和素质，收获珍贵的友谊和成长。

活动召集20名志愿者对农场进行清理和开垦。开心农场清理活动中，志愿者们分工明确，开始对开心农场里的垃圾进行彻底的清理、打包。志愿者们分别拿着劳动工具，清理垃圾，修剪花草，对已经被杂草侵占的区域进行重点修建，确保农场中的作物、花草可以正常生

开心农场

长,使农场焕然一新。志愿者们以劳动为荣,清扫垃圾,修剪花草,以实际行动践行奉献精神,他们劳动的身影成了学校一道亮丽的风景线。经过志愿者们的努力,物理科学与技术学院开心农场迎来新的面貌。

开垦之后,学工组全体辅导员老师带领同学们进行种植。辣椒苗、黄瓜苗、冬瓜苗……林林总总的农作物秧苗整齐摆放在物理学院的田间地头。老师和同学们分工明确,合力协作,有的负责挖坑,有的负责栽苗,有的负责培土,有的负责浇水……现场劳动氛围一片热烈,种植工作井然有序。天空淅淅沥沥下起雨来,老师和同学们却不惧寒冷雨水,纷纷披上简易雨衣继续在田间劳作。大家蹲累了,站久了,时不时直起腰来抖擞一下精神,继续投入劳动。水滴从老师同学们脸颊边流下,分不清是雨水还是汗水。经过一下午的劳动,物理学院"开心农场"区域秧苗整齐挺立,焕发勃勃生机。

在后续过程中,志愿者每三天浇一次水、除一次草,在同学们的精心呵护下,农作物苗壮成长,最终在七月份结出丰硕的果实。

本次劳动实践累计开展10次常规活动,并有志愿者长期管理,共计有200余名志愿者参与。志愿者在本次实践活动中辛勤劳作,学习到了农作物的种植方法,理解了"谁知盘中餐,粒粒皆辛苦"的含义,有助于节俭意识的培养;同时,志愿者们对种植作物的时机及其与节气的对应关系有了深刻的认识,明白了二十四节气在农事中的重要作用,极大地促进了其对中华优秀传统文化的认同感。

二、案例特色

以知促行,将理性认知深扎于田野沃土。传统耕读教育倡导知行合一,认为"耕"属于"行",反对"四体不勤,五谷不分",认为"耕"和

开心农场

"读"不可分,"读而废耕,饥寒交至;耕而废读,礼仪遂亡"。新时代开展耕读教育,坚持以习近平新时代中国特色社会主义思想武装头脑,大力弘扬新时代劳动精神,倡导青年学子将理论认知扎根于土地之中,真正从理论与实践的结合上知本知源,不断提高运用理论指导实践、推动工作、解决农业农村现实问题的能力本领。

以行促知,以田野实践夯实理论基础。"一语不能践,万卷徒空虚",高校学子应深入农耕生活体验寒暑、历经春耕秋收,在实践中体会"耕耘"深意和"收获"快意,培养朴实、务实、诚实的工作作风,反对清谈、清高、清闲的不良倾向,感悟和把握 21 世纪马克思主义的真理力量,以付诸农村改革建设之"行"巩固思想理论之"知"。

总体来说,该实践活动形式创意新颖,给非农学专业的同学提供了一个良好的接触农事的机会;活动立意具有创新性,本实践活动以农事实践活动为基础,旨在让学生认识中华优秀传统文化二十四节气,增强对中华优秀传统文化的认同感。

三、案例推广价值

该实践活动从中华优秀传统文化中的立夏节气出发,结合学校实际情况,利用开心农场开展农事活动,还原了节气最本质的作用。从活动设计到收获成果,一直以农事为主线开展活动,全程涵盖了农事活动的各个阶段,参与的志愿者包括学院教职工和各个年级的学生,是学院关于中华优秀传统文化主题教育中的重要一环。

"耕"通过劳动创造物质,"读"通过阅读滋养精神,正是这种物质与精神的自足,让生命自主、自在、自觉地提升成为可能。补齐新时代青少年劳动教育、重新挖掘耕读教育新内涵,是国家站在培养社会主义建设者和接班人的政治高度对教育提出的新要求,也指明了新时代提升教育服务乡村振兴功能的路径选择。

跟着节气去劳动

——小暑之宝兴县文旅调研活动

经济管理学院（作者：吴函）

一、案例主要内容概述

在"暑微新莺啭暑倦"之际，趁着"燥风微燃小暑时"，为弘扬中华优秀传统文化之二十四节气，招"才"进"宝"，推"城"出"兴"——赴宝兴县文旅产业调研实践队结合宝兴县的大熊猫文旅产业，策划了本次劳动实践活动。该活动让队员了解并宣传大熊猫文化与中华优秀传统文化，在调研中加强文旅产业拉动乡村经济发展的认识，在实践中将自身投入到乡村振兴的潮流发展之中。

本次实践活动的主要开展场所为宝兴县熊猫古城，以实地走访和问卷调查为主要活动形式。

在前期准备的过程中，活动成员们通过各种网络渠道提前了解宝兴县文化旅游产业相关情况，查阅整理大熊猫文化的相关知识，确定以熊猫古城为实践点，制作好传单、海报和问卷。

小暑之宝兴县文旅调研活动

跟着节气去劳动

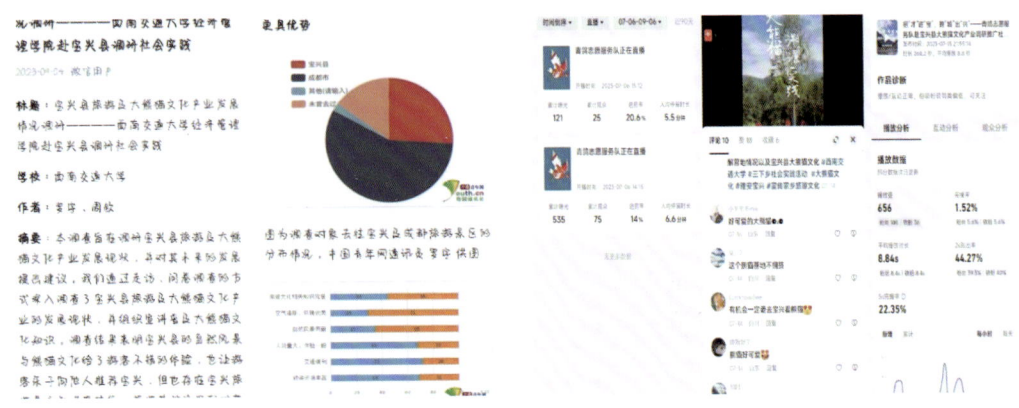

小暑之宝兴县文旅调研活动

活动伊始，活动成员们来到了宝兴县熊猫古城景区，通过走门入户，与当地居民面对面互动交流，感受不一样的风土人情，了解当地独具特色的大熊猫文化。随后，活动成员们设置宣传摊位，开设了有关大熊猫文化及动植物保护知识的宣讲，向大家科普了大熊猫生活习性、野生动植物保护等相关知识，同时也发放了大熊猫文化的宣传册，通过增强当地居民对大熊猫习性的了解和保护意识，在当地植根大熊猫文化的内涵。

接着，活动成员们走进景区周边的大街小巷，通过问卷调查的方式展开了关于大熊猫文化的实地调研。在调查中，活动成员们发现游客多以亲友推荐等方式了解，其他了解渠道不多。同时，在问卷中，当地居民对大熊猫生活习性及野生动植物保护的问题作答正确率普遍偏低，这表明当地居民对大熊猫文化知识掌握不多，对野生动植物的保护意识不强。调研结束后，团队成员认为：文化资源的推广和知识普及是文化振兴的有力抓手，是乡

小暑之宝兴县文旅调研活动

村振兴的关键所在，用好特色文化资源是助力宝兴高质量发展的必由之路。

紧接着，活动成员们来到了大熊猫科学发现地——邓池沟，活动分线上、线下两部分开展，创新大熊猫文化传播形式。活动成员们经过梁峪绫老师的讲解培训，深入了解大熊猫起源、大熊猫科学发现史和大熊猫作为和平使者的历史意义，通过近距离观察"瑛美""乐生"，积累大熊猫生活习性知识，培训结束后，活动成员们辅助讲解员为游客提供讲解服务，通过志愿服务锻炼了实践能力，同时也巩固了所学知识。线上队员则通过抖音平台进行现场直播，录制视频资料在"三微一端"转发宣传，让线上的朋友们也能欣赏到宝兴的自然风光、观察大熊猫生活，以自媒体平台宣传效应为宝兴县大熊猫文旅产业发展增添新动力。直播吸引了众多年轻朋友，在与直播队员的互动中，许多网友对大熊猫发源地宝兴产生了浓厚的兴趣。活动成员们通过直播拓宽了大熊猫文化宣传途径。

走访调研结束后，活动成员们对调查问卷进行数据分析与实践经验总结，分析宝兴县大熊猫文旅产业发展情况，形成了近6000字的《宝兴县旅游及大熊猫文化产业发展情况调研》报告并发布在"中青校园"上。

本次活动收到了当地的感谢信和实践反馈表，发表了国家级报道6篇，包括《中国共青团》杂志（团中央主管主办杂志微博）、"三下乡"（中央新闻网站未来网官方微博）、中青校园；省级报道1篇；县、市级报道3篇；校级报道3篇，院级及其他社会媒体2篇，总计报道15篇。累计浏览量达18 000+，文章累计点赞量达7 450，活动覆盖面广，影响范围大，实践时长达40个小时。活动成员们通过本次活动深入了解当地大熊猫文化产业的发展现状及未来规划，明白了现实情况中乡村振兴面临的难题，对文化振兴的重要性有了更深刻的认识，也于小暑之际在实践中宣传当地特色文化资源、助力乡村高质量发展。

二、案例特色

创新举措，丰富实践内容。活动成员们以丰富的实践形式——开展实地走访、问卷调查、采访相关单位和文旅专业人士，深入了解当地旅游文化产业的发展方向，并以多样化的宣传方式——线上线下相结合，"三微一端"、直播宣传，助力当地特色产业发展。

立足根本，实现育人目标。活动成员们通过多种方式助推宝兴县大熊猫文化旅游产业发展，积累实践经验，锻炼调查分析能力，培养踏实苦干作风，探索文化振兴的方法路径，在实践中深化对国家相关政策的理解，凭借自身力量助推乡村振兴。

总结深入，升华实践价值。活动成员们统计问卷数据，整合调研结果，绘制图表，拟合模型，从地理位置、知名度、现状与问题等多个角度深入分析总结得出调研报告，并将整理出结果转交给宝兴县有关部门作为参考，为宝兴县大熊猫文化产业发展建言献策，为乡村高质量发展贡献青年建议，以青春力量为"乡村振兴"保驾护航。活动得到了当地政府、人民群众的大力支持和一致好评。

三、案例推广价值

本次活动前往宝兴县调研当地旅游及大熊猫文化产业发展现状，并对其未来的发展提出建议。以多样化的实践方式深入调查，同时创新地对熊猫文化及自然保护知识进行宣传。

就活动意义而言，团队深入分析，凝结成果，累计发放并回收问卷100份，形成了近6 000字的《宝兴县旅游及大熊猫文化产业发展情况调研》报告，为当地进一步的发展提出了一系列建议，如全面推进综合旅游发展、践行可持续发展理念、实施科学统筹规划等。帮助宝兴县打造大熊猫文化品牌，宣传熊猫旅游文化，科普自然保护相关知识，提高当地经济和发展水平，落实成果可视化，具有实际价值与深远意义。

就活动深度而言，团队为贯彻落实"加快建设农业强国，扎实推动乡村产业、人才、文化、生态、组织振兴"的重要指示精神，以区域文化、产业发展带动经济发展，队员们躬耕实践，深入了解当地大熊猫文化产业的发展现状及未来规划，树立文旅发展意识和文化自信，推进生态文明建设，助力乡村振兴，为建设美丽中国融入青春力量，展现交大青年担当。

跟着节气去劳动

——蜀源社区志愿服务活动

建筑学院（作者：徐文丽）

一、案例主要内容概述

盛夏时节，生机勃发。"天府之国"成都，迎来第 31 届世界大学生夏季运动会盛大开幕的时刻。成都大运会，既是党的二十大后我国举办的首个大型综合性体育赛事，也是"一带一路"倡议提出十周年之际的一场重大主场外交活动。本次志愿活动以此次大运会为主题，对老旧社区进行微更新及改造。社区更新背后是对社区在城市功能中的思考，早期主要出于城市住房条件的改善，到以现代化大都市形象建设为核心驱动力，再到全球化竞争浪潮下空间生产的力量日益凸显，发展至今，更多聚焦到社区更新，或者说社区再生。在当前乡村振兴的大背景之下，社区更新成为建筑师关注的重点，城市建设的重心逐渐由自上而下关注物质空间的居住环境改善转变为上下结合、多元社会主体共同参与的公共环境提升。本次志愿活动以社区为基本单元，从改善居住环境入手，探究一系列"城市病"背后所反映的真实问题及内在动因，为社

蜀源社区实践活动

区更新提供政策、设计、实施，甚至运营全链条的综合策略。

本次志愿活动分为2天，在蜀源社区开展，实践内容主要包括社区道路卫生清洁，小区路面更新改造。

实践地点基本情况：蜀源社区位于成都市郫都区安靖街道西北部，蜀源立交绕城出口处，与西南交通大学相邻，占地130亩（约86667平方米），是安靖街道3个村拆迁后混合安置的农民集中安置区，2015年起分别安置入住2130户（4060人）。由于合并安置，该社区人口集中，老年人多，外来租户多，人员构成多元，存在违建多、矛盾多、投诉数量居高不下等诸多挑战。

实践地点经济社会发展状况：自安靖街道蜀源社区与西南交通大学共建蜀源交大智能科创谷以来，充分依托西南交通大学的人才、技术、产业生态的创新优势和安靖街道蜀源社区的区位优势，聚焦"科创+产业"，成立社区社会企业，采取市场化手段运营管理，不断聚集创新要素，打造"应用场景—智能技术—新材料—基础科学"四位一体的"硬核"产业链，初步构建了智慧建造、智慧交通、智慧农业、未来教育的创新生态。加强党建建设，打造百佳示范小区；提供暖心服务，打造老年友好社区；专注科技，聚焦"科创+产业"，打造科创产业社区。

首先，实践队在四川省成都市郫都区蜀源社区地点以讨论沟通形式开展了设计彩绘图案，审核彩绘图案、活动策划、工作分配活动，完成了蜀源社区微更新前期实践任务。接着，活动成员开始在蜀源社区地点以线下进行志愿活动形式开展了社区地面彩绘、石墩彩绘、道路清洁等活动，完成了蜀源社区微更新实践任务。

蜀源社区实践活动

本次活动行程圆满结束，无安全问题发生。针对实践目标完成情况也基本符合实践目标设定，社区微更新改造顺利进行，成果惠及社区居民，带来良好的社会反响，同时对于活动成员自身专业素养也有所提高。经过了这次社会实践活动，活动成员对深入社区社会实践有了更为深刻的理解：社区作为我国社会的基本单元，是城镇的细胞，也应是社会公众美育的落脚点。一个环境优美的生活空间对于形成和谐的人际关系，维护社会安定团结有着十分重要的作用。作为来自建筑学院的学生，理应充分利用所学及自身美学优势，帮助社区建立美育培训，提高社区居民美学意识。除此之外，通过这次社会实践，活动成员也体会到当代大学生不应该是象牙塔里不能受风吹雨打的花朵，社会实践的磨炼能让学生们更加深刻地认识到社会是一所更能锻炼人的综合性大学，只有我们正确地深入社会，了解社会，服务于社会，投身到社会实践中去，才能使我们更好地发现自身的不足，为今后走出校门、踏进社会奠定良好的基础；才能使我们学有所用，在实践中成才，在服务中成长，并有效地为社会服务，实现大学生的自身价值。

二、案例特色

美育是审美教育，更是情操教育和心灵教育，对于立德树人具有不可替代的作用。习近平总书记强调，要全面加强和改进学校美育，坚持以美育人、以文化人，提高学生审美和人文素养。本次志愿活动形式创意新颖，活动内容与建筑学院学子们的专业所长紧密结合，使得他们不仅能够将所学的、所思考的设计理念投入实践当中得以检验，同时也结合了第31届大运会的主题，对社区进行更新改造、美化创新，为居民提供更舒适的生活居住环境。正如大运会场上的运动员一样，追逐心中梦想，充分展现了当代大学生的光华与风采。本次实践活动同时也将美育传递给普通大众，将高校美育不仅在师生间普及，更在社区邻里间流动。做好全民美育是一项润物无声的系统工程，而本次实践活动就是打破学校美育与全民美育之间的"围墙"的一次尝试。推进全民美育，有利于进一步增强中华民族的文化凝聚力，不断满足人民日益增长的精神文化需求，坚定文化自信，向世界更好地展示中华民族的昂扬气质。美是多元化的，历史文化之美、红色文化之美、社会主义建设之美、改革创新之美、复兴逐梦之美，都是值得大学生深入挖掘学习的。通过此次实践活动，大学生的社交能力和专业特长得到提升，丰富了社会阅历，为将来更好地服务社会打下基础。

三、案例推广价值

本次活动前往蜀源社区开展石绘美化改造活动，主要是针对小区里的路面及挡路石进行彩绘及补绘，让老旧小区重获生机，也让更多的居民接触、了解，甚至参与公共艺术，将公共美育融入日常生活。通过此次志愿服务，不仅可以提高活动成员的美育及创造能力，更为文明城市的创建增添色彩。通过艺术与社区的结合，打通文化中最具革新性的上层和最稳定的底层，在老城更新语境下，促进人与环境、人与人之间的融合。本次活动以"爱成都，迎大运"为主题，进行彩绘设计，将成都城市特色融入社区，宣传成都底蕴，坚定文化自信。改造后的街景以"可阅读的街道"为目标，充分重视场景的打造与文化内涵的植入，以三维空间手法来强化人们对街区内行走的体验。通过对光影、材料、色彩与植物的不同组合，实现立体且有光影变化的场景。这些场景与它们所相邻的场所有着和谐的视觉关系，由此加深人们的印象，也使得漫步有更丰富的视觉体验。

此外，经过这次社区更新改造实践活动，活动成员还了解到当前社区更新还存在着许多问题。早期我国的社区更新几乎是在大规模的拆建模式中往复进行的，这使得城市社区的历史底蕴在一定程度上被覆盖，丧失了其独有的特色文化，出现"千城一面"的状况，文化延续与城市发展的矛盾逐渐显现。还有部分老旧社区在更新改造过程中未充分考虑其与周边城市功能的融合和衔接，缺乏顶层设计和区域统筹，引入的产业无法持续经营。如今更新改造的目的不再是单纯满足人的幸福感，更重要的是引领需求，激活城市中心，提供全新的产业和功能载体。而传统的大规模房地产开发逻辑在老旧社区更新改造中不再普遍适用，"渐进式更新"和"微更新"成为关键趋势。

秋季案例 03

跟着节气去劳动
——丰收节里瓜果香 劳动育人丰收忙

电气工程学院（作者：罗霁轩、张异）

一、案例主要内容概述

1. 方案制定

为深入贯彻习近平总书记在全国教育大会上的重要讲话精神，全面落实中共中央、国务院《关于全面加强新时代大中小学劳动教育的意见》，把劳动教育纳入人才培养全过程，落实立德树人根本任务，在学生中弘扬劳动精神，教育引导学生崇尚劳动、尊重劳动，懂得劳动最光荣、最崇高、最伟大、最美丽的道理。根据学院实际情况，结合学生现实生活，以秋季"落叶""收获""播种"等关键词为要点，结合秋季的六个节气：立秋、处暑、白露、秋分、寒露、霜降，制定"丰收节里瓜果香 劳动育人丰收忙"秋季劳动工作方案。

2. 教育过程与效果评估

以思想萌芽—培养劳动意识、着重实践—丰富劳动实践、陶冶情操—发现劳动之美、榜样辐射—自主热爱劳动四个要点为工作思路，以塑造劳动价值观、培养劳动品质、增强劳动意识、体验劳动快乐、锻炼劳动技能、提升劳动素养、发挥榜样作用、养成劳动习惯四个要点为工作目标，根据学校、学院的时间，以每年9—11月（秋季）为一个教育周期，以每月为一个阶段开展秋季劳动教育活动。

第一阶段（9月）：以新学期为契机，塑造劳动价值观，培养劳动品质。以立德树人为根本，培养学生理解和形成马克思主义劳动观，牢固树立尊重劳动、崇尚劳动的观念，热爱劳动，尊重普通劳动者，在领悟劳动的意义价值的同时，体会劳动创造美好生活，体认劳动不分贵贱，热爱劳动，尊重普通劳动者，培养勤俭、奋斗、创新、奉献的劳动精神。

第二阶段（10月）：利用各渠道平台，增强劳动意识，锻炼劳动技能。劳动教育是学生成长的必要途径，注重教育实效，实现知行合一，让学生挥洒劳动的汗水、体味劳动的艰辛，增强劳动的意识，收获劳动的快乐，养成劳动的习惯。

第三阶段（11月）：结合专业特色，提升劳动素养，体验劳动快乐。围绕创新创业，结合学科和专业积极开展实习实训、专业服务、社会实践、勤工助学等，重视新知识、新技术、新工艺、新方法应用，创造性地解决实际问题，使学生增强诚实劳动意识，积累职业经验，提升就业创业能力。

3. 成果展示

1）播撒劳动种子——培养劳动品质

将劳动意识的培育融入年级大会和班会之中。把握新学期开学的关键时间点，以学院全体学生为学习对象，由各年级辅导员分时间、分批次开展年级大会，结合《关于全面加强新时代大中小学劳动教育的意见》和习近平总书记关于劳动的重要论述，将开学第一课和劳动教育融合。

集体学习

榜样座谈

开展榜样座谈会，交流劳动收获。以学院李群湛教授研学团队为榜样，全体师生认真学习全国劳模先进事迹，探寻时代楷模的崇高理想和价值取向。

感悟模范精神，树立正确劳动观。邀请全国行业模范、中铁电气化集团有限公司城铁公司总工程师林云志校友，以"学习劳模精神 实干成就未来"为主题开展线上讲座。通过主讲人分享个人职业生涯中的点点滴滴，引导学生树立正确的劳动观和择业观，鼓励学生到祖国最需要的地方建功立业，用勤劳的双手创造美好人生。

学习劳模精神

2）结合各种载体，抓好契机开展各类劳动——挥洒劳动汗水

以开学季为契机，开展"净'寝'期待"主题劳动活动。学院在开学季组织学生进行寝室及自习室卫生打扫，将杂物统一归置，清除窗户、墙面等积累的灰尘和污垢，整齐摆放桌椅，精心整理自习室书架，让自习室充满浓厚的学习氛围。园区寝室面貌焕然一新，为新学期的学习提供最贴心的保障和呵护，以全新的面貌与状态迎接秋天与新学期的到来。

"净'寝'期待"主题劳动活动

　　以学生园区劳动为载体，开展"查寝开放日"活动。由电气园区社团负责人组织安排，通过学生自行报名参与学院查寝活动。同学自觉维护宿舍卫生，保持寝室整洁，了解查寝工作流程的同时，学习寝室卫生标准和整理技巧，既是督促，也是教育。依托学院对宿舍卫生、宿舍安全和宿舍文化三个方面的常规检查，在每学期末开展"文明宿舍"评选，表扬先进文明宿舍。

"文明宿舍"评选

以"电气工程学院劳动实践行动"为契机,开展公共区域大扫除。以电气馆、学生宿舍楼栋、电气学院劳动实践基地(17栋园区)为劳动实践行动场地,开展公共区域大扫除活动,同学们积极参与到清扫楼道、整理单车、清除杂草中,锻炼同学们劳动技能的同时,营造整洁、靓丽的大学生宿舍环境。

劳动实践

以实验室为载体,开展专业劳动。实验室作为学生又一重要的学习场所,理应保持日常的整洁。同学们轮流清扫实验室,规范整理各类实验器材,在舒适清洁的环境中进行实验教学,开展系列科创竞赛,进一步激发学生专业劳动热情,培养学生的创新精神和实践动手能力,提升学生综合水平。

清扫实验室

以中秋、国庆双节为契机，积极开展居家劳动实践课。同学们通过图片、微视频、文字记录等方式记录假期在家的劳动实践，引导学生积极学习劳动技能、锻炼劳动能力、感悟生活之美，在劳动淬炼中感悟自立自强的珍贵，学会责任担当，感恩父母辛劳，锻炼意志品质，培养奋斗精神。

居家劳动

3）劳动创新，体验劳动快乐——享受劳动丰收

欣赏劳动美，用劳动留住秋色。校园内道路上积满落叶，一定程度上阻碍了车辆和行人的通行，也一定程度上影响了美观。组织学生对校园内的落叶、腐叶进行打扫处理，创造干净温馨的校园环境。用树叶堆积形状制作图案，利用电气专业废旧元件、电路板制作劳动主题的"落叶画"，积极发现劳动美。

用劳动留住秋色

校企联合，深入车间，开展企业劳动。由辅导员带队前往成都运达科技股份有限公司，近距离感受企业中的劳动文化和劳动内涵，并亲自动手，整理流水线上的电缆、清理芯片、焊接线缆头，切实感受到了劳动的魅力和劳动者们的伟大，也亲身体会理论与实践结合的重要性。

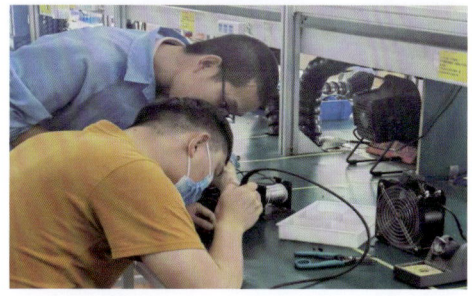

感受企业劳动文化

体验传承农耕文化，收获劳动硕果。由辅导员老师带队开展农耕劳动，从土地除草、开垦、播种、浇水，到定期维护，最后见证收获，让同学们走进田间，参与农耕生产，享受农耕快乐，同学们在专业老师的指导下，不仅增长了知识，拓宽了视野，更进一步传承了农耕文化，感悟"劳动最光荣"的传统美德。

用劳动创造最美的家园。宿舍是大学生活的家，在秋季组织寝室装潢大赛让每一位新生投入到劳动中，通过贴纸、海报、壁画、书法、床帘、地板等各类具有独特风格的装饰美化自己居住的场所，用劳动营造优美、整洁、卫生的宿舍环境，展现自己的青春风貌，收获快乐的大学生活。

跟着节气去劳动
GENZHE JIEQI QU LAODONG

体验传承农耕文化

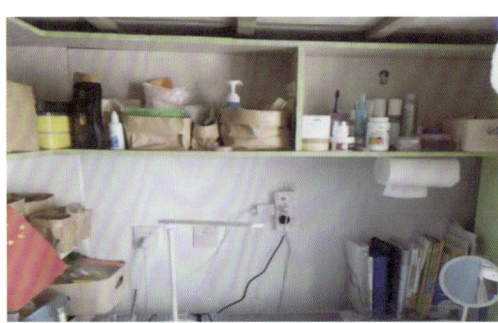

寝室装潢大赛参赛作品

二、案例特色

一是思想引领，培养劳动观念、劳动素养，为劳动教育赋能。把握劳动教育的价值取向，以专题的形式，将劳动精神、劳模精神、工匠精神与马克思主义劳动观、习近平新时代中国特色社会主义思想相结合，引导学生树立正确的劳动观。

二是入情入理，融合季节节气、农耕文化，为劳动教育提效。挖掘"二十四节气"传统文化内涵，融合新时代劳动教育精神，"劳动教育"和"传统文化"相融合，在自然与人文的融合中学习劳动技能，感悟劳动精神，养成劳动习惯。

三是专业融合，提升劳动技能、专业能力，为劳动教育增值。在专业教育中有机融入劳动教育价值观，调动学生的主观能动性进行创新探索，通过生产性、服务性实践活动，强化专业知识和技能，培养劳动技能和提升专业水平。

四是以点带面，塑造劳动之美、以劳育美，创新劳动教育。将劳育与美育、专业教育等相融合，激发劳动教育"一育促多育"的生命力，激活劳动教育的综合育人功能，引导学生在劳动实践过程中发现美、创造美、感受美。

三、案例推广价值

一是育人目标明确，具有可复制的劳育工作思路。以培养劳动意识—丰富劳动实践—体验劳动收获快乐—培养劳动习惯为主线，循序渐进贯穿整个秋季劳动教育过程，学生反馈积极，劳动教育成果显著。

二是育人内涵丰富，具有可借鉴的教育融合方式。案例以秋季的六个节气为依托，重点开展与节日、节气、气候等相关的劳动，中华传统文化博大精深，可积极发掘其他元素，在劳动教育中融合传统文化教育。

三是育人实例充足，具有可参考的理论研究依据。本案例为研究劳动育人提供了参考依据和丰富样本，为思想政治教育研究提供真实案例，对开展劳动教育在内的大学生思想政治教育工作相关理论研究提供有益帮助和促进作用。

四是育人成果多样，具有可促进的品牌宣传效应。打造"丰收节里瓜果香，劳育人丰收忙"系列劳动育人活动，形成劳育品牌，通过宣传各种各样的劳动形式、劳动过程和劳动成果，全面赋能劳动教育，吸引更多的同学积极参与到劳动中来。

跟着节气去劳动

——寒露之开心农场种植活动

材料科学与工程学院（作者：刘艳东、许欢）

一、案例主要内容概述

"袅袅凉风动，凄凄寒露零"，在秋季的倒数第二个节气——寒露之际，为弘扬中华优秀传统文化之二十四节气，材料科学与工程学院结合成都当地的农业生产经验，策划了本次劳动实践活动。该活动面向材料学院全体本科生，旨在让广大师生在实践中体悟中华优秀传统文化，增强对中华优秀传统文化的认同感。

本实践活动以学校提供的实践基地——开心农场为活动开展场所，活动主要形式为油菜花的种植及后续管理。

活动之始，学院召集志愿者开垦开心农场，清理了其中的建筑废料与杂草，并给其施肥、浇水，保证后续农作物生长环境的营养。

开垦开心农场

开垦田地后，学院准备了油菜幼苗，并召集志愿者在开垦好的田地里共同种植幼苗。种植过程师生共同参与，相互学习种植经验。

种植油菜幼苗

刚种植的油菜幼苗较为脆弱，需要精心照料，所以学院安排了志愿者长期管理开心农场，主要工作内容包括给农场定期浇水、除草等。在志愿者精心照料下，油菜花长势很好，最终收获了一片金色的油菜花海。

丰收情景

本次劳动实践累计开展 4 次常规活动，并有志愿者长期管理，共计有 200 余名志愿者参与。志愿者在本次实践活动中辛勤劳作，学习到了农作物的种植方法，理解了"谁知盘中餐，粒粒皆辛苦"的含义，有助于节俭意识的培养；同时，学生们对种植作物的时机及其与节气的对应关系有了深刻的认识，明白了二十四节气在农事中的重要作用，极大地促进了学生们对中华优秀传统文化的认同感。

二、案例特色

该实践活动形式创意新颖，给非农学专业的同学提供了一个良好的接触农事的机会；活动立意具有创新性，本实践活动以农事实践活动为基础，旨在让学生认识中华优秀传统文化二十四节气、增强对中华优秀传统文化的认同感。在实践成果方面，该活动成果主要有：志愿者们探索并积累了丰富劳动经验、农作物的收获以及弘扬中华优秀传统文化，相较于单一的劳动实践活动，该活动的成果更丰富、更具特色。

三、案例推广价值

该实践活动从中华优秀传统文化中的寒露节气出发，结合学校实际情况，利用开心农场开展农事活动，还原了节气最本质的作用。活动从设计到收获成果，一直以农事为主线开展，全程涵盖了农事活动的各个阶段，参与的志愿者包括学院教职工和各个年级的学生，是学院关于中华优秀传统文化主题教育中的重要一环。

该实践活动以劳动实践为主要形式，以文化传播为主旨，让志愿者在潜移默化中受到中华优秀传统文化的熏陶。该实践活动有利于让学生确立以劳动为荣、勤俭节约的理念，同时可以让志愿者在实践中体悟中华优秀传统文化，不断增强对中华优秀传统文化的认同感。

该实践活动在深度上，可以通过改进活动形式、扩大受众等手段有效吸引志愿者、感染志愿者，作为一项长期活动每年开展；同时，在广度上，可以借鉴本实践活动的形式，以开心农场中开展农事活动为主线、结合二十四节气，将其扩展到其他节气，建立更富有特色的"二十四节气 – 开心农场"主题系列实践活动。更有效地利用现有资源让广大同学在实践中体悟中华优秀传统文化，这对中华优秀传统文化的继承与传播具有积极作用。

跟着节气去劳动

——霜降连情　劳动润心：周末爱心公益课堂暨开心农场系列活动

人文学院（作者：周柽宏、陈和忠）

一、案例主要内容概述

"风卷清云尽，空天万里霜"，在二十四节气之霜降来临之际，为弘扬中华优秀传统文化，积极响应教育部和学校关于实践育人的新要求，加快构建德智体美劳全面培养的教育体系，人文学院将专业知识运用和劳动教育相结合，组织开展了周末爱心公益课堂和开心农场实践系列活动。活动强调身心参与，注重手脑并用，旨在积极培育和弘扬中华优秀传统文化，强化学生劳动观念，引导学生认识社会，增强社会责任感。

"情暖重阳，爱在土地"活动

（一）周末爱心公益课堂系列活动

"周末爱心公益课堂"作为人文学院实践育人品牌项目之一已在土地村"爱之家"基地持续开展多次，累计参与人数达 300 余人。每次活动开展前由人文青协和"爱之家"的老师共同确定每周公益课堂主题，拟定教学方案，活动形式包括PPT教学展示、师生手工互动和趣味知识问答等。活动后志愿者们则和土地村"爱之家"的老师们一起讨论交流，总结经验。以下选取部分特色活动进行介绍：

1. "情暖重阳，爱在土地"重阳节主题活动

重阳过，霜降至。由于霜降节气与重阳佳节相邻，所以土地村"爱之家"特别策划了"情暖重阳，爱在土地"重阳节主题活动。活动现场，来自人文学院音乐表演专业的青年志愿者们为老人们倾情奉献了一连串精彩的节目，同学们载歌载舞，老人们也看得笑逐颜开。同学们身体力行，将专业所学投身于实践之中，深刻诠释了中华民族尊老敬老、爱老助老的优良传统。

2. "见证自然流转——二十四节气"活动

在"周末爱心公益课堂"上，志愿者们通过生动的 PPT 教学向孩子们介绍了二十四节气的相关知识。随后，志愿者带领小朋友们参与了有趣的知识问答竞赛，涵盖了节气的习俗、历史和别名等方面。除此之外，他们还组织了一系列游戏活动，如"节气蹲"和投壶等。在此次活动中，孩子们不仅学习到了关于节气的相关知识，也深刻体会到了传统文化生动之美。

（二）开心农场实践系列活动

开心农场系列活动于 2022 年启动，人文学院开心农场种植区位于学校东门大道旁，是学校为使学生能亲身体会农耕劳作所而开辟出的劳育实践区。秋季，正是农耕好时节。人文青协对地块管理模式进行了改进创新，采取了养护轮值加专业管理人员带教的模式，旨在让同学们在切实感受到农耕辛劳的基础上逐步学习农耕知识。活动开始前志愿者负责人将与开心农场地块管理专业人员取得联系，询问地块情况、天气

霜降之开心农场种植活动

因素和作物周期等基本信息，在专业管理人员的指导下最大限度地让同学们能够种出成果，不浪费土地资源。活动中志愿者们会在管理员的指导下进行劳作，通过身体力行与经验学习力求让同学们更好地感受农耕劳作，增强同学们在劳动过程中的体验和感悟，引导学生感受劳动的艰辛和收获的快乐。以下选取特色活动进行介绍：

1. "寒霜降，须躬行"——二十四节气耕作活动

霜降时分秋已至。进入到霜降后，气温开始明显有了变化，农作物的种植也进入到了一个全新阶段。成都的秋，总是阴雨绵绵，开心农场地块的土壤也一如成都的空气，潮湿而泥泞。为了方便后续新一轮种植，此次活动将由志愿者们亲自将实践区地块的杂草除净并将深层土壤翻开晒干。

在此次活动前，志愿者们先通过天气预报确定了具体活动时间，活动过程中，志愿者们身体力行投身到农耕实践中去，在劳动过程中体会劳动人民的辛苦，也体悟着古人确定二十四节气时的智慧。通过理论结合实践的模式，此次开心农场实践活动取得明显成效，半个月后原本泥泞的土地已初步达到种植条件。

后续人文青协组织志愿者先后进行了油菜花、白萝卜播种及浇水、除草工作，在大家的精心照料下，目前区域内作物长势良好。

周末爱心公益课堂之二十四节气活动

二、案例特色

周末爱心公益课堂活动已持续开展近9年，形成了连续性长效服务机制。相关系列活动也取得了多项成果。例如，2019年，人文学院与土地村合作共建项目荣获郫都区精神文明建设委员会颁发的"结对共建优秀村"荣誉称号。此外，依托周末爱心公益课堂搭建的"爱之家"基地成为人文学院学子暑期"三下乡"和寒假返家乡社会实践的重要活动场所之一。2023年"人文学院赴郫都区土地村爱之家'蜀绣千年传，纺织科技行'主题实践队"成功荣获2023年西南交通大学寒假返家乡校级优秀队伍荣誉称号。

在本次二十四节气活动中，志愿者们充分利用了学院新闻传播、汉语言文学以及音乐表演专业优势，将自身资源和专业知识与社会需求相结合，为社会提供了有益的服务。在本次开心农场二十四节气活动中，同学们通过参与农事活动进一步领悟劳动的意义价值，增强了对中华优秀传统文化的认同感和自豪感。

三、案例推广价值

周末爱心公益课堂活动积极响应国家乡村振兴发展战略，同时与中华优秀传统文化推广紧密联系起来。科普二十四节气知识，传播中华优秀传统文化，有利于引导学生走出校园、走进社会、走到人民群众中，增强学生的社会参与度和社会责任感，树立学生的家国情怀。

此外，本活动系校社联动开展，学校加社区结对形成长效服务机制有助于深化学校实践育人培养模式。每周以公益课堂形式对某一节气的起源、习俗等进行介绍和讨论，可以使二十四节气科普宣传常态化，使中华优秀传统文化主题教育长效化。

开心农场系列活动以劳动实践的形式使学生通过亲身劳动感受古代先民的智慧结晶，在农事劳作中感悟悠久的中华农耕文明。后续本活动将立足于二十四节气时间节点，根据本地的气候条件开展相关活动，强化学生的劳动观教育，引导学生在劳动中开阔视野，发挥主体作用，激发创新创造活力。

跟着节气去劳动

——秋分之晚晴爱心伴我行

公共管理学院（作者：石珮锦）

一、案例主要内容概述

"金秋美如画，敬老情更浓"，秋分预示着我国大部分地区已经进入凉爽的秋季。季节交替，凉意更浓，为弘扬中华优秀传统文化之二十四节气之秋分，公共管理学院的志愿者行动起来，在深秋到来之际开展了一系列以服务空巢、高龄老人等为内容的志愿实践活动。活动以九里校区为中心，围绕离退休处晚晴苑、周边社区与学院实践基地开展了"食全食美"老年群体健康服务、"情系重阳节，爱驻晚晴苑"重阳节特别活动以及社区空巢独居老人巡防关爱等系列实践。

学院青协常态化开展社区为老助老志愿服务项目

跟着节气去劳动
GENZHE JIEQI QU LAODONG

志愿者开展老年群体健康食谱定制与健康指导实践活动

"雁将明日去，秋向此时分。"本次"秋分"劳动实践系列活动由公共管理学院青年志愿者协会承办，共计有80余名志愿者参与，累计服务时长超270个小时。秋分时节正是老年人要注重休养生息的时候，故有"秋分老人星，长寿得太平"的说法，为了提高老年人饮食健康水平和身体素质，政治2022-01班团支部结合前期"交通·公益"活动成果，到九里校区晚晴苑为老年人宣传和定制秋季健康食谱。活动前期，团队成员通过文献和网络收集资料，深入调研并采访了成都当地老年人的身体状况、饮食偏好和病理需求，在专业营养师的指导下，设计了一系列蔬菜、水果、粗粮、优质蛋白和脂肪等各种营养成分均科学合理的营养食谱，并根据老年人的口感需求进行了细致调整。在本次的宣传活动中，晚晴苑的老年人纷纷表示，这些新的饮食选择不仅丰富了他们的生活，还提供了更加健康、营养均衡的饮食体验。

10月，秋意渐浓，为迎接九九重阳节的到来，公共管理学院晚晴志愿服务队的成员策划开展了重阳特别活动，为老年人献上祝福和欢乐。在金牛区礼爱老年介护中心，志愿者们为老年人带来了歌曲和歌舞表演，并开展了"手指八段锦"教学活动，爷爷奶奶们踊跃参与，主动献唱，一曲曲红歌歌声嘹亮，也给志愿者们带来了无限欢乐；在学校"晚晴驿站"服务基地，志愿者们帮助奶奶们编舞，邀请爷爷奶奶们手工制作中药香囊，协助离退休处的工作人员们开展趣味游园会、大合唱和"晚晴之星"颁奖仪式等活动，用真诚和爱心服务每一个老年人。

关注和服务社区空巢老人是公共管理学院青年志愿者协会坚持打造的特色志愿服

志愿者们到社区上门开展老年人需求访谈与实践调研

务活动。秋分后寒凉气氛日渐浓郁，在社区工作人员的陪伴下，协会志愿活动部的志愿者们多次深入马鞍社区，走访了多位独居、空巢老人，为他们送去温暖和关怀。每到一位老人家中，志愿者们都与老人们亲切交谈，询问并记录老人的身体状况和生活情况，倾听老年人的心声和需求，为其排忧解难，提供精神慰藉。

关爱老人，情暖夕阳。希望本次劳动实践活动的开展能够提高老年人的幸福感和存在感，帮助他们减少孤独焦虑。这不仅体现志愿者们帮助他人、服务社会的美好品德，更能让每一个志愿者切身体会到帮助他人的快乐，展现西南交通大学志愿者的精神面貌，贡献青春力量，书写青春担当。

二、案例特色

围绕学院"一个中心、双向拓展、三方协同"的实践育人体系，公共管理学院青年志愿者协会从2019年开始打造以"为老服务"为主线，辐射服务周边社区的"驿站式"助老为老志愿服务活动项目。通过建立校内外实体"晚晴爱心驿站",为空巢、高龄老人搭建与青年人交流、与社会接触的平台,提升老人的生活幸福感和充实感;以学院班团和学生组织为基础,建立晚晴爱心驿站学生服务团队,以学生为主要工作力量参与到晚晴爱心驿站的建设和服务管理中,让学生在服务老人的项目和常规活动过程中涵养敬老爱老、为老助老的中华民族传统美德;注重发挥离、退休老人的独特优势,让学生们在与老同志的互动交流中,影响和带动学生传承爱国爱校精神,树立爱校爱国、坚定不移跟党走的理想信念;发挥学院专业优势,依托学院社区治理、老龄事业与产业管理等相关研究方向,积极开展相关议题调研和深度访谈,整理形成关于老年人的一手需求数据和工作建议,反馈给社区及相关部门以改进后续工作,在运用专业知识和技能的过程中让学生发挥专业能力服务社会需求,激励学生树立创新奋进、报效国家、服务社会的理想信念。

三、案例推广价值

公共管理学院为老助老志愿实践活动是为校内外社区老人和在校大学生构建的关爱服务和成长服务平台,学生在研究"老龄事业管理""智慧助老服务"的同时,将所学知识运用到基层社区之中,形成了理论研究—服务开展—社区反馈的联动服务机制。从活动设计到项目实践,学院各专业学生与机关、任课老师均参与其中,长期运行保障来源于"服务者"和"被服务者"的双向获得感,项目不仅是对老年人的关怀服务,也是学生成才成长的育人平台。

"十四五"期间,我国的人口增长将逐渐减速,中国将由老龄化社会进入到老龄社会,面对新时期社会经济发展的新态势,学生帮助老年人"居家养老""老龄过渡学习"正是弥补了社区为老服务的"最后一环",具有可持续、可复制的服务和育人模式。依托于学校招募的一批批综合素质强、理想信念坚定的学生志愿者,既保障了项目开展的激情和活力,也可以不断完善和保障服务内容和服务质量。一方面,定期服务不仅可以让老人收获幸福感,感受到青年人对其的重视关爱、尊敬爱护;另一方面,让学生在服务中涵养敬老爱老、为老助老的民族传统美德。课程的开发和活动设计也能够发挥学生的积极性和创造性,形成老少互动、管理服务、立德育人的良性循环。

跟着节气去劳动

——秋分晒秋迎丰收

利兹学院（作者：徐进秋）

一、案例主要内容概述

为深入贯彻落实中共中央、国务院《关于全面加强新时代大中小学劳动教育的意见》，积极落实推进学校第十五次党代会关于"五育教育"的相关精神，帮助学生树立正确劳动观念、提升劳动能力、培育劳动精神，培养德智体美劳全面发展的时代新人，依托学校构建的"3+2+N"劳动实践体系，利兹学院紧扣时代主题，积极推进新时代劳育工作。

习近平总书记指出，我国农耕文明源远流长、博大精深，是中华优秀传统文化的

安全教育志愿服务活动

根。而传统农事节气是我国农耕文明的重要组成部分，蕴含着千百年来中国人对生产规律、自然规律的深刻认识，具有科学的内涵和丰富的文化价值。跟着节气去劳动，利兹学院以秋分为秋季周期劳动教育的关键词，围绕设计劳动育人的工作方案。

本方案以"思想播种，实践耕耘，传递收获"为核心，全面推进劳动教育的深入开展。学院借助"秋分秋雨天渐凉，稻黄果香秋收忙"的秋分节气，寓意丰收的喜悦与新的开始，激励学生在这个特殊时节展示他们的劳动成果，并开启新一轮的学习旅程。

（一）强化劳动观念，弘扬劳动精神

倾听劳模故事，领悟劳动意义。学院组织开展"精勤讲坛"，邀请到"全国五一劳动奖章""火车头奖章"获得者翟婉明院士，以"我的求学路与铁路梦"为主题，与利兹学院全体同学分享自己的成长、求学、科研故事。翟婉明院士的分享不仅带领同学们了解到铁路建设背后的艰辛与努力，更使大家对劳模精神、劳动精神、工匠精神有更深刻的认识，激发新时代青年科研报国、砥砺奋斗之志。

结合时代特征，培养正确劳动观念。学院邀请中国农业科学院都市农业研究所专家黄亚丽开展"勤学多耘"农业知识讲座与实践活动。专家在讲座中深入分享了现代农业的发展趋势和最新进展，特别是结合利兹学院的工科背景，详细解析了各工科专业在现代农业领域的实际应用。通过这次讲座和实践，学生们不仅获得了关于现代农业技术的新知识，还深刻认识到了新时代劳动工具、技术和形态的新变化。

利兹学院赴中国电科二十九所交流

暑期躬耕实践，秋分晒成长领悟。在秋季的"晒秋"活动中，学院组织开展"三下乡"风采展。利兹学院的学生们在暑假期间积极投身于"三下乡"活动，深入农村基层，访问各类企业，亲身参与实际

"勤学多耘"讲座

可乐英语角

第二部分 二十四节气劳动教育案例

翟院士讲座

寝室文化节

小青椒进社区

工作,通过这些实践活动,学生们加深了对人民深沉的情感,培养了历史责任感以及对务实的工作作风的理解。

(二)拓展劳动平台,丰富实践内容

学院不断深化与学校园区、交大附中、社区等实践平台协同联动,整合劳动实践资源,有目的、有计划地组织学生参加日常生活劳动、生产劳动和服务性劳动。

依托学校劳动实践区、种植园、寝室园区,在秋分时节,开展"开心农场"开荒播种活动、寝室卫生大比拼、单车摆放志愿服务活动、集体劳动日等劳动实践活动。

搭建交大附中实践育人基地,与交大附中联合启动"朋辈教育,示范引领"校外辅导员育人项目,推进"大中小思政一体化"建设,将利兹学院优秀的学生送到交大附中担任辅导员,在实践中不断培养大学生的社会责任感和服务意识。

与犀浦街道学苑社区等6个社区,交大附中、峨边彝族自治县五渡镇双凤村等

4个实践基地搭建合作平台，组织开展围绕"助老助残""关爱青少年儿童""呵护流浪动物""基层社会治理"等领域实施"小而美"的常态化服务性劳动。

发挥利兹学院的专业特色，积极参与到大型赛事中，强化社会责任意识和奉献精神。积极组织学生参加成都第31届世界大学生运动会和第81届世界科幻大会，并在志愿服务结束以后，走向社区，分享志愿工作故事，带领青少年儿童从另一个视角认识重大赛事，吸引更多人参与到志愿服务之中。

（三）深化产教融合，激发创新创造

创建"西南交通大学－利兹大学工程实践与创新国际联合中心"，打造了精密制造工坊、智能控制工坊两个全要素的开放创新实践空间。为学生提供开放、高效、自由的创新实践场所，打造培养卓越工程师、拔尖创新型人才和复合型人才的创新实践平台。同时，学院重视生产劳动锻炼，积极组织学生参加实习实训、专业服务和创新创业活动，定期前往优秀企业参观学习，积累职业经验，提升就业创业能力，树立正确择业观。

二、案例特色

本案例重点关注了利兹学院在劳动教育领域的实践和创新，我们的目标是深化学生对劳动的理解和尊重，同时培养他们全面发展的能力。以下是本案例的主要特色：

利兹学院学生风采

（1）多元化劳动教育体系。构建了"1+3+N"的劳动实践育人模式，即"紧扣一条主线——弘扬劳动精神，深化三区联动——实践园区、校区、社区平台搭建，丰富实践内容——打造 N 个品牌项目"，为学生提供了丰富而有深度的劳动实践机会。这个模式不仅包括了传统的劳动技能和知识，还涵盖了专业实践、社会服务、文化宣传等领域。旨在确保学生从多方面接受劳动教育，全面理解劳动的意义。

（2）与社会联系密切。利兹学院的劳动教育项目紧密结合社会生活和生产实践，强化了学生与社会的连接。通过参与社区服务、企业实习等活动，学生们能够直接体验和学习劳动在社会发展中的作用，从而更好地理解劳动的社会价值。

（3）劳动育人的传递性。通过朋辈之间的互相影响和激励，学院的劳动教育理念和实践得以在学生群体中广泛传播，形成了一种积极的劳动文化。

三、案例推广价值

（1）重视思想引领：案例中的"精勤讲坛"和其他类似活动，通过邀请劳模和专家分享他们的经验和故事，强化了学生对劳动的认识和尊重。这种结合思想教育和劳动实践的方法，对于培养学生的劳动精神和正确的劳动观念至关重要。

（2）全面的劳动教育模式：学院的案例展示了一种全方位的劳动教育模式。这种模式不仅包括传统的劳动教育，如农业实践和传统工艺，也包含了现代的、与专业紧密相关的实践活动，如参与大型赛事和社区服务。

（3）创新的教育内容和途径：通过结合时代特点和技术发展，不断创新劳动教育的内容和方法。例如，利用专业特色参与社会服务活动，不仅提升了学生的社会责任感，还加强了他们的专业技能。这种创新的劳动教育方式可以激发学生的学习兴趣，提高育人效果。

（4）产教融合与创新创造的推动：案例中，产教融合体现在学生通过参与企业实习、项目合作等方式，直接接触生产实践，提高了他们解决实际问题的能力。同时，通过建立创新实践平台，学院促进了学生的创新能力和创造性思维。

（5）可持续的教育模式：案例中的教育模式强调了可持续性，通过不断更新的实践内容和方法，确保劳动教育与时俱进，满足新时代的需求。这种可持续发展的教育模式对于长期的人才培养战略至关重要。

跟着节气去劳动

——秋韵徜徉，二十四节气之寒露浪漫

外国语学院（作者：孟琪、周茂瑶、苏文雨）

一、案例主要内容概述

秋天，不仅意味着收获，也意味着劳动与汗水。"气引迎寒露，光收向晚霞"，在秋季的倒数第二个节气——寒露之际，为弘扬中华优秀传统文化之二十四节气，外国语学院结合成都当地的农业生产经验，策划了本次劳动实践活动。同时，为认真贯彻落实习近平总书记关于制止餐饮浪费行为的重要指示精神，发出"爱粮节粮、厉行节约"的倡议，倡导同学们杜绝粮食浪费，形成节约粮食的优良习惯，塑造"节约光荣，浪费可耻"的校园风尚，特此开展天地"粮"心，不遗余"粒"——勤俭节约知识分享会。

本次系列实践活动分别面向全校师生和外语学院全体本科生，分为勤俭节约知识分享会和开心农场劳动实践，以理论学习与劳动实践相结合的方式，旨在让广大师生在实践中体悟中华优秀传统文化、增强对中华优秀传统文化的认同感。让学生动手实践、出力流汗，接受锻炼、磨炼意志，有利于进一步树立学生正确劳动价值观，培养勤俭节约的美好品质。

开心农场

劳动实践活动以学校提供的实践基地——开心农场为活动开展场所，活动主要形式为萝卜的种植及后续管理，参与同学协作完成了锄草、挖地、施肥、撒种等工作。

参与除草活动的 20 余名同学准时到达外国语学院劳动实践区域，有序领取手套、锄头、铲子等劳动工具后，便撸起袖子开始进行艰巨的任务——锄草，同学们三五一组，迅速分工，一鼓作气收割杂草，尽管手套湿透、浑身沾满泥点也毫不在意，相互协作、有条不紊地进行着锄草工作。在同学们一个多小时的辛勤劳作下，原本杂草丛生的田地重新变得干净、平整，为之后的种植工作打下了良好的基础。

锄草完成后，同学们的任务是进行挖地、施肥、撒种。有了上次活动的经验，同学们在照例领取劳动工具后迅速而更加熟练地开展工作。学生们首先用锄头松土，齐心协力挖出一条条地沟，做好播种准备。而后，负责施肥的同学，将肥料撒入松动的土壤中，以期提高土壤肥力，为萝卜的生长提供良好的生长环境和丰富的营养。一切准备工作就绪，接下来就是本次活动中最关键、最激动人心的环节了——撒种。一把把白色的小种子被分发到同学们手中，同学们弯着腰，小心翼翼地将种子撒入地沟中，田地间充满了欢声笑语，同学们一同享受着劳动的欢愉。

刚种植的萝卜种较为脆弱，需要精心照料才会发芽长成幼苗，学院安排了志愿者长期管理开心农场，主要工作内容包括给农场定期浇水、除草等。在志愿者精心照料下，萝卜长势很好，最终收获了一片绿油油的萝卜苗。

开心农场

跟着节气去劳动

"天地'粮'心，不遗余'粒'"活动

在这次活动中，全体参与同学不仅锻炼了自己的实践技能，更体味到了劳动的艰辛，收获到了劳动的快乐，理解了劳动的内涵，明白了劳动的价值，在种植萝卜的过程中，在欢乐与辛苦的交织中，不断成长，不断进步。

与此同时，学院在学校二食堂门口也设立了摊位进行以"天地'粮'心"为主题的摆摊活动，通过小游戏的形式吸引同学驻足，达到在校园内宣传勤俭节约观念的目的。活动中，各位参与同学积极完成种子破壳和粮食拼图的小游戏，牢固树立勤俭节约光荣、铺张浪费可耻的意识，大力弘扬艰苦奋斗精神，积极倡导文明用餐的新理念、新习惯、新风尚。

活动期间学院也收集了各位同学分享的关于勤俭节约的小故事和有关食品安全、粮食安全的相关知识，并开展了主题分享会。在分享会上，首先由参与分享的同学进行5分钟的分享演讲，锻炼参与者的实践能力和创新能力。简短休息过后，由学院的两位分享官以食品和PPT的形式进行粮食安全与食品安全的主题宣讲，为各位同学普及了节约粮食的相关知识，使参与者对粮食话题有更加深入的了解。除了线下的摆摊活动和主题分享会，学院也在线上建立了专门的光盘行动打卡群来帮助同学们养成节约不浪费的好习惯。在群中，各位同学每天积极完成光盘行动打卡，用实际行动展现自己对"一粥一饭当思来之不易"的理解。

本次劳动实践活动学院累计开展2次常规活动和1次大型活动，并有志愿者长期管理，共计有40余名志愿者和数百名同学参与。志愿者在本次实践活动中辛勤劳作，学习到了农作物的种植方法，理解了"谁知盘中餐，粒粒皆辛苦"的含义，有助于节俭意识的培养；同时，同学们对种植作物的时机及其与节气的对应关系有了深刻的认识，明白了二十四节气在农事中的重要作用，极大地促进了学生对中华优秀传统文化的认同感。

二、案例特色

该实践活动以理论宣传和亲身实践相结合，形式创意新颖，不仅让同学们学习到了理论知识，也给非农学专业的同学提供了一个良好的接触农事的机会，同时在打卡和各种游戏中，深刻地体会到粮食的来之不易。活动立意具有创新性，本实践活动以农事实践活动、线上线下宣传打卡活动为基础，旨在让学生认识中优秀传统文化二十四节气，增强对中华优秀传统文化的认同感，在整个活动过程中感知劳动光荣和勤节约俭的美好品质。在实践成果方面，该活动成果主要有三：志愿者们探索并积累了丰富劳动经验；光盘行动、农作物的收获以及弘扬中华优秀传统文化；相较于单一的劳动实践活动，该活动的成果更丰富更具特色。

三、案例推广价值

该实践活动从中国传统文化的二十四节气中的寒露出发，结合学校实际情况，利用开心农场开展农事活动，还原了节气最本质的作用。同时与节约粮食主题活动相结合，使两个活动互补互利，从田间地头的一粒小种子，到盘中来之不易的粮食，时时刻刻提醒着同学们要勤俭节约，让教育的意义完成闭环。活动从设计到收获成果，一直以农事、粮食为主线开展活动，涵盖了农事活动的各个阶段，参与的志愿者包括学院各个年级的学生，是学院关于中华优秀传统文化主题教育中的重要一环。

该实践活动以劳动实践、宣传教育为主要形式，以文化传播为主旨，让同学们在潜移默化中受到中华优秀传统文化的熏陶。该实践活动有利于让学生们确立以劳动为荣、勤俭节约的理念，同时可以让志愿者在实践中体悟中华优秀传统文化，不断增强对中华优秀传统文化的认同感。

该实践活动可以通过扩大受众等手段有效吸引全校同学，作为一项常规活动每年开展。同时，可以借鉴本实践活动的形式，以开心农场中开展农事活动为主线、结合二十四节气，将其扩展到其他节气，建立更富有特色的"二十四节气－开心农场"主题系列实践活动；更有效地利用现有资源让广大同学在实践中体悟中华优秀传统文化，这对中华优秀传统文化的继承与传播具有积极作用。同时，在农作物完成收获阶段，开展以勤俭节约为主题的"天地'粮'心"活动，让同学们更加深刻地体悟到"谁知盘中餐，粒粒皆辛苦"的真正含义。

跟着节气去劳动

——以节气为始：秋季"集体劳动日"系列活动

地球科学与环境工程学院（作者：李婧、牛浩然、郑非）

一、案例主要内容概述

"风卷清云尽，空天万里霜"，霜降是二十四节气中的第十八个节气，也是秋季的最后一个节气，是秋季到冬季的过渡。地球科学与环境工程学院围绕学生日常生活，贴近学生生活集体区域，策划了学院秋季"集体劳动日"系列活动。该活动面向地学学院全体本科生开展，包含了寝室大扫除、劳动实践区打扫、"校宠卫士"公益活动、四教共享单车摆放、开心农场开垦等多项劳动教育活动，强化学生劳动观念，培养学生劳动精神。

寝室大扫除

围绕学生日常生活学习的宿舍、教学楼，开展寝室大扫除以及四教共享单车摆放活动。宿舍是学生长期生活的区域，打造干净整洁的宿舍环境、营造良好的寝室氛围、塑造温馨和谐的寝室文化是宿舍管理的重要目的。学院团委、学院学生会、学院园区与事务中心号召并组织全体本科生

四教共享单车摆放活动

开心农场

积极开展宿舍卫生大扫除活动，鼓励学生发扬不怕脏、不怕累的劳动精神，整理物品、打扫卫生，明显改善宿舍环境卫生。四号教学楼长期面临共享单车数量多、摆放乱导致通道阻挡的状况，为规范共享单车停放，倡导"文明共享，绿色出行"的理念，学院青年志愿者协会招募志愿者，开展共享单车摆放活动。参与学生在上下课等主要时间节点，进行共享单车停放引导、单车规整摆放等工作，改善教学楼交通环境，营造整洁的学习环境。

实践活动还充分利用学校提供的实践基地（开心农场及实践劳动区），开展实践区整理及油菜花种植工作，引导学生了解农业知识，提高劳动实践能力。学院园区与事务中心通过生活与权益委员进行活动宣传，面向全体本科生招募参与同学。通过清理建筑垃圾及杂草、土地开垦、施肥、浇水等，完成基本种植工作。鉴于油菜幼苗较为脆弱，同时后期还需要长期的观察和照料，因此后续工作中仍持续进行志愿者招募

学院志愿者风采

工作，保证植物的顺利生长。

校宠天鹅是学校风景不可或缺的一部分，也是学校一道靓丽的风景线，犀湖因此也成了学生学习之余的热门打卡地。为鼓励学生关爱小动物（校宠天鹅），传递创新、协调、绿色、开放、共享的新发展理念，学院组织学生开展"校宠卫士"公益活动，在浙园开展垃圾捡拾及校宠保护宣传

"校宠卫士"公益活动

工作，提高学生保护动物意识，增强学生的责任心，传播生态环保理念。

二、案例特色

地学学院"集体劳动日"系列活动，利用霜降这一季节更替的时间点，组织学生开展了集体区域的清理工作以及"校宠卫士"公益活动。该实践活动立意新颖，将学生日常劳动实践与中国传统二十四节气文化紧密结合，增强对中华优秀传统文化的认同感。同时利用校宠动物保护和共享单车摆放等活动，将绿色环保的理念融入其中，增强传统文化宣传的先进性。同时，该实践活动也为学生们提供了接触农事的机会，引导学生关注农业发展。

三、案例推广价值

该实践活动以中国传统二十四节气中的霜降为契机，利用其季节更替的重要时间节点，结合学生日常换季中的劳动行为，如宿舍物品整理、宿舍清理等，贴近学生生活，加强学生对霜降这一节气的认识和理解。由此延伸，利用季节特性，设计开展开心农场、校宠保护等活动，将学生的日常劳动扩展到农事劳动和环保劳动，进一步扩大了学生参与范围，丰富劳动实践内涵。

该实践活动将劳动实践和文化传播紧密融合，引导学生在劳动实践过程中感受中华优秀传统文化，帮助学生树立热爱劳动、倡导绿色的理念，将学生劳动实践与学校环境紧密融合在一起，进一步提高学生爱校荣校意识，做好学生感恩教育工作。

该实践活动可进一步丰富活动内容，深度挖掘学生日常生活行为，将学生行为与劳动实践紧密融合，将爱校荣校教育及感恩教育融入其中，丰富活动内涵。

冬季案例

跟着节气去劳动
——立冬之开心农场劳动实践活动

交通运输与物流学院（作者：孙依彤、温宇轩）

一、案例主要内容概述

"昨夜清霜冷絮裯，纷纷红叶满阶头。"秋冬是农作物收获和土地休耕的季节，也是开展农田管理和维护的最佳时期。在交通运输与物流学院农田里，同学们选取冬至节气，参与农田的管理和维护，亲身体验劳作的艰辛与乐趣，也提升了自身的劳动精神和实践能力。

在活动方案制定阶段，学院首先确定了活动的主题和目标，即通过冬季节气劳动教育，让学生了解冬季植物的生长特点，计划在同学们了解了冬季农作物的生长特点和农场的实际情况、掌握农作物的管理和维护方法后，引导同学们使用相关工具和材料，如犁、耙、浇水设备等，进行土壤翻耕、施肥、浇水等工作；同时工作人员对活动开展情况进行实时的记录与总结。

本活动共计开展五期，近200名志愿者积极参与，因地制宜地种植了玉米与奶油生菜这类适宜冬至种植的作物。

在冬至节气前后，同学们对农田进行翻耕，让土壤充分接受阳光和风的作用，增加土壤的通透性和养分含量。在翻耕过程中，也注意保持了土壤的平整和松散，避免出现大块土壤和土壤硬结现象。

翻耕后，同学们开始施肥，根据农作物的生长特性和土壤的实际情况，选择了适当的肥料种类和施肥量。一般来说，冬季施肥可以选择有机肥或复合肥等，以增加土壤的养分和有机质含量。施肥时,大家把肥料均匀撒施在土壤表面,避免集中施用导致烧苗现象。

阳光明媚,微风拂过脸颊,带着清新的泥土气息。在前期各种劳动准备过后,志愿者们三五一组,分工明确,配合默契。他们翻耕土地,挖好坑穴,精心挑选优良种子,放入土中,然后覆盖上一层泥土,最后浇透水,种下希望的种子,期待着种子生根发芽。

通过对劳动时间和人员分工的合理安排,有空闲时间的学生排班进行浇水,确保了每个学生都能参与到农田管理和维护的实践中。在浇水的过程中,同学们也掌握了一些常识与技能,如冬季浇水要注意水温不宜过低,以免对农作物造成冻害;浇水也要适量,避免过度浇水导致土壤过湿和根部腐烂等问题;在浇水过程中,要保持水量的均匀分布,确保每个部分都能得到充足的水分。

在农作物生长期间,学生们定期进行除草作业。除草可以有效地减少杂草对农作物养分的争夺和病虫害的传播,有利于农作物的生长。在除草过程中,大家细心地注意到不损伤农作物和根系,同时注意保护了生态环境。

在农田管理和维护的过程中,活动负责人做好了相关记录和总结工作。记录内容包括每次的劳动内容、时间、人员分工等,总结内容包括工作中遇到的问题、解决方法以及收获等。这些记录和总结可以为今后的活动提供宝贵的经验和参考依据,帮助同学们更好地掌握农田管理和维护的技能和方法。

跟着节气去劳动,既是一次实践教学,也是一次服务社会的实践。在乡村振兴战略的大背景下,交运学院学生积极投身农业发展,提升自身综合素质,用实际行动为乡村振兴播下了希望的种子。相信在不久的将来,这些种子将茁壮成长,结出硕果。

二、案例特色

本案例的特色之一在于将冬季园艺劳动与传统节气相结合,让学生在劳动中体验生活的美好,在种植中感受自然的魅力。这种结合方式既丰富了劳动教育的形式和内容,又提高了学生的实践能力和团队协作精神。

特色之二在于注重学生的反馈和评价。本案例在效果评估和成果展示阶段,注重学生的反馈和评价。通过调查和访谈,学院了解了学生对活动的感受和建议,为今后的活动提供了参考。同时,学院还持续地向参与活动的师生朋友们实时跟进作物生长情况,大大激发了学生对于劳动的满足感与积极性。

特色之三在于自然环境与人文关怀的融合。本案例在活动中注重自然环境与人文关怀的融合。在园艺劳动中，同学们了解了植物的生长特点，切身感受到了大自然的魅力。这种融合方式既提高了学生的实践能力和团队协作精神，又培养了学生的环保意识和人文关怀精神。

三、案例推广价值

本活动由中华优秀传统文化——冬至节气为起点，将劳育与美育有机结合，以丰富、新颖的劳动形式和内容引导同学们积极参与到劳动实践中来。同时，本活动也十分注重学生的反馈和评价，在五期常规活动中不断积累经验并进行改进，逐步提高活动质量和学生的实践能力。此外，它更是融合了自然环境与人文关怀的理念，具有较高的教育价值和社会意义。最后，本案例具备操作简便、可复制性强等特点，适合在其他院校和机构中进行推广和应用。

跟着节气去劳动

——"叶"美校园冬至树叶画制作活动

设计艺术学院（作者：周美莹）

一、案例主要内容概述

为进一步强化学校美育育人功能，弘扬中华美育精神，设计艺术学院在八号教学楼 8502 教室开展了"劳逸结合，叶美校园"校园树叶画创意手工制作活动。此次活动面向设计艺术学院的所有本科生开放，通过美育活动，让学生更深刻地体验中华传统文化的博大精深，从而增进对其的认同感。活动的核心主题围绕着二十四节气，其中特别选择了冬至这一时节，以突显落叶与冬季的独特氛围。

在设计艺术学院辅导员老师的指导下，学生们积极参与了一次别具意义的现场活动。他们从个人准备的树叶素材包中挑选出心仪的绘画材料，并展开了一场充满创意的艺术之旅。整个过程涵盖了图案设计、布局构图、色彩搭配以及衔接固定等方面的技巧和要素。

学生们在创作的过程中不仅仅体现了个人的努力，更注重团队的合作与交流。通过相互交流与学习，参与学生共同完成了作品。这不仅促进了创意的碰撞和艺术思维的共鸣，还加深了彼此之间的友谊。

在劳动的过程中，学生们不仅体验到了艺术带来的愉悦，也深刻领悟到自然韵律的美妙。他们的努力和付出在每一幅作品中得以体现，从而更加深刻地理解了艺术与自然之间的奇妙关系。

本次活动不仅仅是一次美育课程，更是一次关于合作、创意、情感表达和对自然之美的共鸣的综合性体验。通过这样的活动，同学们不仅提升了艺术技能，也培养了团队协作精神，收获了对自然与艺术更深层次理解的机会。同学们深切感受到自然与艺术的创作魅力。在美育与劳育的深度结合中，一幅幅美好的青春画卷正徐徐展开。

第二部分　二十四节气劳动教育案例

冬至树叶画制作活动

二、案例特色

冬至是中国传统节日之一，也是二十四节气中的一个重要节气，是一年中白昼最短、黑夜最长的一天。在中国传统文化中，冬至被视为家庭团聚、增进亲情的时刻，人们会欢聚一堂，共同度过这个特殊的日子。冬至时节，树叶已经逐渐落下，大部分树木进入休眠期。这时树叶丰富多彩、形态各异，是进行树叶画的绝佳材料。树叶画可以启发同学们对大自然的观察和创造力，同时也是一种对自然的尊重和赞美。

冬至树叶画创意手工制作活动相较于传统的课堂教学，更具有启发性和趣味性，

冬至树叶画制作活动

为同学们提供了一种别样的亲近自然、感受美育的途径。这一活动的独特之处在于其能够有效地激发同学们对冬季的独特感受以及校园美景的深刻体验。通过手工制作，同学们不仅能够享受创造的乐趣，还能够在艺术的世界里感受到冬至的独特魅力。

相比于传统的课堂教学，这种手工制作活动有助于释放同学们的心理压力，创造一个宁静的环境，让他们远离繁重的课业任务。在这样的环境中，同学们可以尽情发挥创造力，体验手工艺术带来的宁静，有助于平衡紧张的学术生活，促进身心的全面健康发展。

这项活动不仅注重实际的手工制作，还巧妙地结合了艺术理论。辅导员老师在活动中介绍相关的艺术知识，如图案设计、色彩搭配等，使学生在实践中不仅仅能够体验手工的乐趣，还能够提高对艺术理论的理解。通过这种方式，本次活动不再只是简单的手工制作，更是一次对艺术的探索和认识之旅。

通过这一创意手工制作活动，学生们不仅培养了自己的创造力，还提升了团队协作精神。在共同完成作品的过程中，他们学会了互相合作、倾听他人意见，形成了良好的团队氛围。这样的团队协作经验不仅在手工制作中有所体现，更在日后的学习和生活中起到了积极的促进作用。

总体而言，冬至树叶画创意手工制作活动为同学们提供了一个丰富多彩、富有创意的学习体验。通过参与这样的活动，同学们不仅能够锻炼自己的动手能力，还能够感受到冬至的独特魅力，促进了身心的全面发展。这种创意手工制作活动在教育中具有一定的借鉴意义，为学生提供了一种新颖而富有启发性的学习方式。

三、案例推广价值

2023年，设计艺术学院积极响应生态文明建设和劳动精神的倡导，特别策划了一场别开生面的树叶画创意手工制作活动，旨在通过参与艺术创作，激发学生的创造力、团队协作能力，以及对自然环境的热爱，为他们提供与设计艺术不同的精彩体验，从而促进全面素养的培养。

这次活动的主旨不仅仅是手工制作树叶画，更是通过将自然与艺术巧妙结合，呼吁学生关注生态环境，感受自然之美。学院希望通过这一独特的机会让学生们能以一种创意的方式表达对自然的热爱，并通过艺术的手法传递生态文明的理念。

活动特别注重融入冬至元素，这有助于传承和弘扬冬至文化传统。学生在创作中不仅能够体验现代手工艺术，同时也能感受到传统文化的独特魅力，增加对传统节日的认同感。通过这一活动，学生们能够在现代创意中体验到传统文化的魅力。

活动将实际的手工制作与艺术理论相结合。在活动中，辅导员老师介绍相关的艺术知识，如图案设计、色彩搭配等，使学生在实践中不仅能体验手工的乐趣，还能提高对艺术理论的理解。这样的设计旨在让学生在创作过程中不仅能够尽情发挥想象力，还能在理论的引导下更好地表达自己的艺术灵感。

此外，活动不仅仅是一个创意的手工制作过程，更是一个艺术技能提升的机会，能够引导学生学习和运用艺术理论，提高他们的美术素养。通过使用自然的树叶素材，活动激发了学生对自然的热爱与关注。学生们在手工制作中能够更深刻地感受到自然的美妙之处，从而增强对环境保护的意识。

　　本次活动将为校园注入一份别致的文化活动，使校园文化更加多元化。学生们通过参与活动，不仅能够学到知识，还能在欢快的氛围中度过有意义的时光。冬至校园树叶画创意手工制作活动将不仅仅是一个简单的手工活动，更是一个能够为学生提供全面成长与发展机会的文化盛宴，为学生们打开了一扇通往自然、创意和艺术的大门，让他们在不同的体验中得到全面的发展和提升。

03 跟着节气去劳动
——青春志愿·爱在交大

【校五星级志愿者】

徐昊宇

我和"我们"的故事：我将无我，一苇以航

徐昊宇

徐昊宇，机械工程学院测控技术与仪器本科 2020 级，中共预备党员。

个人荣誉

2023 年 6 月，获西南交通大学十佳志愿者

2023 年 6 月，获西南交通大学五星级志愿者

2022 年 12 月，获西南交通大学明诚奖

2022 年 6 月，获第十二届 MathorCup 高校数学建模挑战赛三等奖

2021 年 12 月，获西南交通大学寒假"返家乡"调研社会实践活动优秀实践队员

2021 年 12 月，获西南交通大学优秀学生干部

2021 年 12 月，获西南交通大学二等综合奖学金

2021 年 12 月，获西南交通大学"新秀杯"数学建模选拔赛三等奖

2021 年 12 月，获四川省"互联网+"大学生创新创业大赛银奖

2021 年 6 月，获第十八届五一数学建模竞赛二等奖

2020 年 11 月，获全国大学生机械创新设计大赛优秀志愿者

任职情况

2020 年 9 月至今，担任机械工程学院测控 2020-01 班班长
2020 年 9 月—2021 年 6 月，担任机械工程学院青年志愿者协会志愿服务部干事
2021 年 6 月—2022 年 6 月，担任机械工程学院青年志愿者协会志愿服务部部长
2022 年 6 月—2023 年 6 月，担任机械工程学院青年志愿者协会会长
2021 年 3 月—2023 年 6 月，担任机械工程学院本科 2020 级辅导员助理
2021 年 7 月—2022 年 7 月，担任机械工程学院机械类 2021-03 班朋辈导师

由于想要改变性格，我与志愿服务结缘，在实践中由内向、社恐转变为成熟、老练，最终成为敢于站在众人眼前展示自我的阳光开朗大男孩。曾经的我独来独往，不愿与他人接触；现在的我广泛交友，主动组织志同道合者一同做事。我不敢妄言在志愿服务中取得什么成就，只能说志愿服务带给我的东西太多太多，并彻底改变了我。

一、服务他人，提升自己

我来自山城重庆，那里的人大多豪爽耿直、火辣外向。离家前，父母反复叮嘱我在外面一定要收敛自己，要懂得吃亏是福，但他们好像忽视掉了我是一个极其内向的人。步入大学后，为了挑战自己，我竞选成为班上的班长，同时也加入了青协。最初，我的想法很简单，认为只有班委与青协工作会督促我与他人交涉，从而改变自己内向的性格，这便是我与志愿服务结缘的开始。

我参与的第一次志愿活动是学校举办的退休教师健步走活动，我的工作很简单，就是在路口为老师指路，但第一次穿上红马甲、第一次带上志愿者证的骄傲让我至今难以忘怀。老师在路过路口时会用大拇指向我表示感谢，让我感到开心，也第一次让我感到能用自己的能力帮助别人而自豪。我于是在心底埋下了坚持参加志愿活动的种子。

转眼间，三年过去了。这三年间我做了很多志愿活动，从在成都唐氏综合征互助会里交友到"邮扬交大"里竭力推广书信的慢生活，从

志愿活动风采

全国机械创新大赛国赛志愿者到起重机国赛里兢兢业业的裁判组……但最让我感到自豪的志愿活动是在大一的寒假，每周我都会前往校外交大卡布里城小区做爱心义教活动，并因此认识了很多可爱的小朋友。每次教授他们知识、和他们玩耍时，我都会想到我的童年，我会为我小时候没遇到这么好的"大朋友"而惋惜。同时这也提醒了我，或许可以把这个模式带回我的家乡，虽然我没机会享受，但我可以丰富现在小朋友的体验。于是假期我便在学校申报了"三下乡"项目，回到我的家乡去办一次针对留守儿童的公益冬令营。

为此，我叫上了5位同学与我一起，放弃悠闲的寒假一同前往。从最初的项目规划，到与当地政府、公益组织、老师进行申请、沟通、协商活动时间地点，再到抵达活动地点后的招生、分班、教学方式、教学内容策划，我们6人统筹协调、分工明确。最初招生效果并不理想，可能大家都不太相信我们这群毛头小子，好在凭借老师的号召，还是招收到了三四十个学生。最初几天学生们还在学校期末考试，我们就只是进行课内的答疑，帮助他们复习理解课本内容。或许我们那几天的行为被路过的家长看在眼里，最终得到了他们的认可，到正式开班那天，报名人数便达到上限60个。我们将孩子按年龄分为两个班分别辅导作业，同时利用我们自己的知识储量为孩子们开启各类小课堂，从机械到医学，从音乐到美术，通过各类生动的教学、介绍，提升孩子们的眼界，让他们对世界有更多的了解。在随后的几天里我们每天早上起床坐一个小时的班车赶往活动地，准备教案，收拾东西，等待学生们的到来。临近过年，我

寒假"返家乡"调研社会实践

们还请老师教孩子们学毛笔字、写春联，同时还向公益组织负责人为孩子们申请了暖冬大礼包。时间总是短暂的，14天后，我们在结营仪式上为孩子们颁发了结营证书，并告诉他们希望以后他们能和我们一样步入大学后仍不忘家乡，用自身能力建设家乡。

志愿活动期间，有两件事最让我感动。某天教学结束后我们

现场教学

在商讨第二天毛笔字教学去哪里找60支毛笔，当地商会负责人在一旁听到后就毫不犹豫地说，他家超市库房有，明天连同墨水给我们送来。他说："这些大学生都愿意免费回去做志愿活动，我出点东西又何妨。"还有是在结束前一天，班上最调皮的孩子在课间给我拿了一个她精心用纸包装过的棒棒糖，以及一幅她画的画，小声对我说"送给徐老师"，便跑开了。当时我表面冷静地感谢了她，其实内心早已因为被人理解、被人鼓励而心花怒放，回想起来，当时我假如没有那么矜持，也许当面表达出那种感激情绪会让她更开心。这次活动还使我看到了很多有大义的人，他们是毫不犹豫给予我们帮助的工会商人，是一路伴随我们、给予我们帮助的公益组织，大家都齐心想做好这件事，都想贡献自己的一份力量。我也深刻领悟到了志愿服务的意义，简单来讲就是自愿为他人服务同时得到他人认可、鼓励的满足感与自豪感。这次活动让我认识到，作为一名从山区走出的新时代大学生，或许我们自己走出大山并不难，但不要忘记回头带着更多的人走出大山。

二、不拘约束，肆意生长

在机械工程学院青年志愿者协会内部我们并非因利益聚集，大家在此都是凭借着一颗颗热忱的心，在空闲时大家也会拓展业余生活，从夜爬龙泉山，到打卡百里绿道，再到公园露营、野炊、自助烧烤，尽力让大学生活更加丰富多彩，同时在各类志愿活动中大家也因为更加熟络而工作起来游刃有余，干起事来热情饱满。现在一年过去了，19级青协的小伙伴已经毕业前往全国各地发光发热，但我们还是跟家人一样保持联络，分享着日常乐趣。前段时间青协招新，我去帮忙维持秩序，路过的企业HR

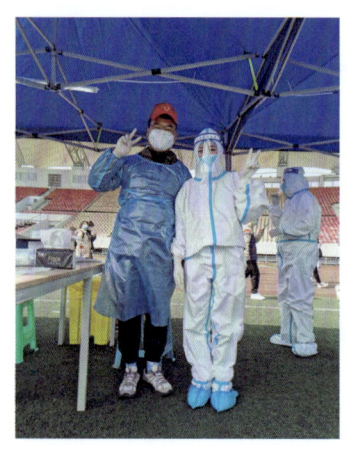

抗"疫"志愿活动

被我们的氛围所吸引，看着招新部门他念叨"应该还有一个外联部"，我在一旁为他讲解青协没有外联部，因为我们只有凭着一颗志愿的心来做志愿活动才会不失志愿初心，才能让志愿精神得以传承，并讲起了我们的志愿故事。短短数语让 HR 想让我去他们公司面试，虽然我委婉拒绝，但我还是因为志愿得到他人的认可而感到开心。

"不随大流，才能看到不一样的风景。"初入大学时，班导师为我们传授此经验，启发了我的大学生活。在大学里我立志走一条属于我自己的道路，我实施着我自己的计划。在2022年的暑假，我拿着积攒的奖学金与勤工俭学工资踏上了前往西藏的旅途，坐了37个小时的硬座后，我终于踏上了那片土地。我见到了书本里的布达拉宫，视频里盛开的格桑花，珠穆朗玛峰就矗立在我眼前。一路上我也遇到了很多友好、善良的藏族同胞，他们会因为我们来到他们的家乡而高兴，会因为我们喜欢他们家乡的文化而自豪。我们言语不通就用肢体动作交流，满满的情谊让我更加喜欢上了这片土地。因此我立志毕业前往基层，建设我们的家乡，建设我们的祖国。我多次深思自己不选择继续深造是对还是错，但我明白我想要的是什么，我要在自己的赛道里跑出自己的风采。

三、浩渺行无极，扬帆但信风

接近大学生活的尾声，我时常回望自己的大学生涯，我很庆幸自己做了正确的事，我也时常反思，假如回到两年前，我是否还愿意付出时间和精力去办那次冬令营，我没有答案。接下来我将努力备考，希望能继续将我的计划实施下去，继续保持我的初心，为社会献出自己一份力。

步入大学，美好前景就在我们脚下，要立好自己的志向，不盲目跟随大众，找到属于自己的赛道；要增强我们的实干意识，凡事都是做出来的，不能有畏难情绪，反复提醒自己做难事必有所得；要跳出自身舒适圈，勇于挑战自我，使自己得到提升。同时也要跳出个人得失的计较之中，只有把小我融进大我，才能拥有像海一样宽广的胸怀，像山一样的崇高的品质，在奉献社会中才能实现更大的人生价值。

第三部分　跟着节气去劳动——青春志愿·爱在交大

我与志愿服务的故事：志愿微芒存心间

王歆哲

王歆哲，经济管理学院 2020 级信息管理与信息系统专业本科生，中共预备党员。

个人荣誉

2023 年 5 月，获西南交通大学"优秀共青团干部"荣誉称号

2023 年 5 月，获西南交通大学"十佳志愿者"荣誉称号

2022 年 12 月，获 2021—2022 学年西南交通大学"优秀学生干部"荣誉称号

2022 年 12 月，获 2021—2022 学年西南交通大学综合奖学金三等奖

2022 年 9 月，获全国大学生 2022 暑期"返家乡"社会实践专项活动"优秀组织岗志愿者"荣誉称号

2022 年 9 月，获"一起云支教，携手创未来"活动"优秀志愿者"荣誉称号

2022 年 7 月，获"东坡·团伴"假期陪伴成长营志愿服务活动"优秀志愿者"荣誉称号

2022 年 5 月，获西南交通大学"五星级志愿者"荣誉称号

任职情况

2023 年 6 月至今，担任经济管理学院信息管理与信息系统专业 2020 -01 班班长

2022年6月—2023年6月，担任经济管理学院青年建设中心主席、经济管理学院信息管理与信息系统专业2020-01班班长、经济管理学院2023级新生朋辈导师

2021年6月—2022年6月，担任经济管理学院青年建设中心考核部部长、西南交通大学青年志愿者联合会活动部部长

2020年9月—2021年6月，担任经济管理学院青年建设中心考核部部员、西南交通大学青年志愿者联合会活动部干事

这"微火"虽微，却是"青年志"胸怀天下事；

这"微火"虽小，却是"嫩肩膀"扛起重担子。

我作为一名光荣的青年志愿者，四年来一直用自己的热情与善意，努力诠释"奉献、有爱、互助、进步"的志愿精神，认真践行"学习雷锋、奉献他人、提升自我"的志愿服务理念。

一、凭栏一片风云起，莫作神州袖手人

"有时间就去做志愿者，有困难就去找志愿者"，这一句简单朴素的话语激励我四年来不断坚定地前行在志愿服务的道路上。

大学四年来，我曾在疫情危急时多次参加核酸检测志愿服务，并在过程中保持专业的态度和热情的服务，确保核酸检测工作有条不紊进行。记得有一次，我独立负责九里校区的全员核酸检测，遇到校外核酸检测机构系统故障、人员排班冲突等突发情况，导致现场工作未能顺利开展。我身为志愿者，也是学生负责人，立刻协调校外机构负责人，并组织志愿者在现场打通紧急通道和专门通道开展核酸检测，尽最大可能

孩子们的"小老师"

第三部分 跟着节气去劳动——青春志愿·爱在交大

参加迎新工作

减轻受检者的焦虑和不安。通过这次经历,我深刻认识到防疫工作的重要性和紧迫性。

此外,我曾在暑期来到眉山市东坡区参与"东坡·团伴"志愿实践。在那里,我既是孩子们的小老师,也是他们的小家长。在我心情烦闷时,小朋友们花朵一般的脸庞和真诚的心灵总能成为点亮我的一盏小小明灯。而我也如教导过我、陪伴我成长的老师们一样,在三尺讲台上成为一支烛火,去点亮孩子们的心房。有时,他们或许调皮捣蛋,不认真听讲。但是在更多的时间里,他们会把专心制作的手工作品送给我,也会把心爱的玩具贴纸分享给我这个"大朋友"。另外,最温暖也是最宝贵的时刻,就是倾听他们遇到的关于家人、朋友、生活、学习的苦恼和不解。这一刻,我仿佛穿越时空,重新感受幼时的我那份孩子的天真。

除此以外,我曾担任全国排球四强赛志愿者。我花费大量时间主动学习相关知识,按照组织分配,以饱满的精神面貌对待工作。赛场上,运动员们奋勇拼搏、永不放弃;赛场下,志愿者们吃苦耐劳、真诚无私。我还曾在校门口迎接交大新生踏入大学校园。当我接过他们手中沉重的行李,也就接过了家长心中的殷殷期盼。我也曾穿梭于图书馆书架间,对每本无声传播知识的书籍进行归纳整理。我也通过这项工作了解到,原来在我日常出入的图书馆里,一排排书架间还有许多我不曾探索过的奥秘。

食堂就餐引导、校医院、共享单车摆放、净湖净滩行动……关于志愿服务的经历似乎永远说不完，而我同每一位走在志愿服务道路的志愿者一样，步履不停、不断进步。

二、始于热爱，忠于理解

在青春志愿的道路上，每一步都算数。

回顾过去，我与志愿服务是在2020年初次相识的。那年，我刚刚步入大学，正如一条懵懂无知的小鱼游进了交大知识的海洋。开学没多久，社团文化节如期开展，校级、院级组织及兴趣社团的招新紧锣密鼓，铺天盖地的宣传单朝我飞来。在机缘巧合下，我从听说志愿到走近志愿，满怀一腔热血加入了青年志愿者联合会这个有爱的大家庭。依托这个平台，和一群同样怀揣助人为先、热血青春之心的小伙伴们共同参与到了大大小小的志愿活动中。同样幸运的是，我同时成为学院青年建设中心的一员，青年建设中心使我更近距离地接触了学院党团工作的重点和难点，也激励我向中国共产党逐渐靠拢。

习近平总书记在给南京青奥会志愿者的回信中说："作为志愿者，无论是在台前还是幕后，无论是迎来送往还是默默值守，都可以在这场青春盛会中展现自己的风采。"我在多重学生干部的身份中逐渐体会理解了这段话。有时我是整场活动的组织者、策划人与第一责任人；有时我是幕后宣传文稿撰写、推文排版的新闻记者；有时我是在现场忙前忙后的工作人员；有时我更是志愿活动的见证者、受益人……在多个身份转换的过程中，我不再是那个由于一腔热爱和冲动而加入志愿服务行列的少年。现在的我更加理解、领会志愿精神，也明白了志愿服务不是单纯付出，助人的同时也是助己。我也一直在思考，志愿的意义到底是什么？志愿的收获到底是什么？现在我明白了！是掌心的温度，是在传递温暖时，心中生起的满足与成就。志愿带来的感动是相互的，人与人无限靠近，才有了我们共同的回忆。

三、让有爱者有力，让奉献者发光

在青春志愿的道路上，我遇到过种种困难和坎坷，但同时收获了笑容、感动和成长。若是在沟通时多一份温和，我也许就会让志愿者们、群众多一份安心。面对老人、小孩和特殊群体时，多一份理解、宽容和耐心，我也许就会让他们心中多一份温暖和快乐。

在这几年里，我亲眼见证了志愿服务的力量。我看到了一个又一个志愿队伍越来越庞大。初中到大学,青年到老年,志愿服务者们像一颗颗星星,照亮了他人的生活,也照亮了自己的心灵。而志愿之行,永远不是一个人在战斗。"我奉献,我快乐"是所有志愿者的共同心声。我快乐,因为有如此多志愿者,同我一起服务社会;我感动,因为能与这样一群有志青年一起奋斗,共同为美丽的明天努力。我相信志愿者的队伍会越来越壮大,青年志愿服务活动会蓬勃发展,志愿精神将会被不断弘扬传颂。朋友们,现在,我要对你们说:每个人都可以成为志愿者,每个人都可以通过自己的行动,为这个世界带来一份温暖。志愿服务从不拘泥于平台和形式,每一次无私的帮助,每一次自发的善举都是一次小小的志愿服务。朋友们,没有一朵花,不是由种子生长而来。无论何时何地,你都可以加入志愿服务的队伍,无论如何,都有千千万万个志愿者陪伴你成长。

让有爱者有力,让奉献者发光。我的志愿旅途不会终止。未来,无论是升学、就业还是其他情况,我都会继续行走在志愿服务和热心公益的道路上。那么你是否也愿意和我一起勇敢前行呢?

我与青年志愿者联合会的故事:"志"从己心,与"愿"同行

陈亦腾

陈亦腾,地球科学与环境工程学院安全本科2020级,中共预备党员。

个人荣誉

2023年7月,获四川省大学生综合素质A级证书

2023年5月,获西南交通大学2022—2023学年"十佳志愿者"

2023年5月,获西南交通大学"五星级志愿者"

2022年7月,获全国大学生英语词汇挑战赛三等奖

2022年3月,获"一起云支教"优秀志愿者

2022年12月,获国家奖学金

2022年12月,获西南交通大学"三好学生标兵"

2022年5月,获西南交通大学2021年度"优秀共青团干部"

2022年5月,获西南交通大学"四星级志愿者"称号

2022年3月,获西南交通大学第四届"家·圆"主题摄影大赛二等奖

2021年12月,获西南交通大学"三好学生"

2021年12月,获SWJTU-OSU合作办学专项奖学金一等奖

2021年4月，121届运动会峨眉校区运动会拔河比赛第一名

2021年3月，获西南交通大学第三届"家·圆"主题摄影大赛三等奖

2020年11月，获第五届"扬帆杯"羽毛球单项赛男双亚军

任职情况

2022年6月—2023年6月，担任青年志愿者联合会副理事长

2021年6月—2022年6月，担任青年志愿者联合会综合办公部部长

2021年9月至今，担任地球科学与环境工程学院安全2020-02班学习委员

2020年9月—2021年6月，担任青年志愿者联合会峨眉分会干事

"以志愿诠释责任，以奉献践行担当"这句话不单单是我的志愿宣言，更是我的志愿态度。回首这三年的时光，是志愿为我的大学时光增添了浓墨重彩的一笔，也是志愿伴随着我三年的成长。志从心，继满腔之热忱；愿随行，担青衿之重任，我会将这份真诚与感动传递给身边更多的人，怀揣一份热爱，肩担一份责任，步履不停。

一、任重道远，爱与志随

在我看来，真正的志愿服务是"志从心，愿随行"，是自发想去为志愿活动奉献自我。正是这一份对志愿服务清澈而纯粹的初心，促使我在大一成为青年志愿者联合会的一员。从迎新志愿活动到核酸检测，再到大运会志愿服务工作，我在实践中不断历练成长，同时也深刻地认识到志愿服务那重若泰山的责任感。内心的热爱与助人的成就感，伴随我走到今天。同时，人际沟通能力的提升对我而言也是弥足珍贵的收获。正如曹植《求自试表》所言："冀以尘雾之微，补益山海，萤烛末光，增辉日月。"以热爱为桨，以责任作舟，我将以一苇航于志愿服务的千顷澄碧中。

爱心分拣活动

我第一次参加的志愿活动是乐山市的一个爱心分拣活动，这个活动同样也是我感触最深的一次活动。当时，乐山市的慈善宣传部与学校青年志愿者联合会对接，希望我们能够帮助他们整理一下爱心物资。最初我并不知道具体要做的事情，就打算去尝试一下。到达之后，负责对接的工作人员跟我们说，需要把来自整个乐山市的居民捐助物资整理好，从而方便分发给凉山州的贫困留守儿童们。当时我就觉得这是一个非常有意义的事情。我们刚到现场的时候，整个房间里面很乱，有相当多的物品，我们十多个人要尽快分拣好。刚开始，我感觉过程会十分困难，但实际上，就在我们明确分配好各自工作之后，效率就提高了不少。只用了一个上午的时间，我们就把物品全部整理好了。然后，我们给凉山州的小朋友们共同录制了祝福视频。这个志愿活动对我来说意义非凡。第一次参加志愿活动，我就能够感受到这个过程对小朋友们的帮助，我觉得这完全达到了我对志愿服务的期待。在那之后，我就积极参加校内外各种志愿活动，包括2021年的"一起云支教活动"，还有暑期"三下乡"社会实践支教等。

队伍风采

二、聚众之智，汇众之力

人人都是一滴水，汇聚到一起就会成为一片永不干涸的汪洋。在我看来，团队合作是至关重要的。志愿服务本质上也是一个团队合作的工作。在做志愿服务的过程中，我们代表了一个学校的志愿者团队，这个团队的凝聚力是十分重要的，我喜欢在这种团队工作中认识不同的人，和他们一起工作，一起去完成同一个目标。整个青年志愿者联合会也是一个大团队，内部的各个小部门又是不同小团队。如何处理好一个团队的运转，我觉得这是比较重要的一门学问。我比较习惯小组合作，因为在小组合作中，我能把工作、学习的效率发挥到最大。同时，良好调动团队内成员的积极性，对于一个团队的健康发展也是至关重要的。一个团队必须要有一个领导者，来统领工作的方向与内容。作为青年志愿者联合会的副理事长，我会把工作详细分配给部长们。以大运会为例，我会把比较重

活动剪影

暑期"三下乡"社会实践

要的工作分配给四个部长,让他们去带动部员们进行工作,否则大运会的工作很多,一个人忙不过来。然后,我根据部长们的特长,合理地给他们分配任务,让他们去进行更细致的安排。

三、殷殷寄语,望君汲取

回顾大学生活,我从未后悔加入青年志愿者联合会这个大家庭。如果我能对三年前的自己说句话,我会告诉他:"坚定你的选择,并且坚持地走下去。"现在我在美国留学,希望能够锻炼自己的英语表达能力,学习专业知识,然后在国内继续深造,为国家做出贡献。

活动剪影

步入大学,事务繁多,如何平衡学业与社团工作,是每个大学生需要思考的问题。这只能靠我们一件一件地去解决,我们必须克服内心的恐惧。以挑战促发展,可令我葳蕤繁茂;以自强赢机遇,可令我凭风矗立。在学习方面,我呼吁同学们勤学好问;在课余时间,我则希望同学们积极参与志愿活动,得到锻炼。希望同学们能够努力进取,建设国家。征程万里风正劲,且看吾侪青年勇担重任,闪耀青春光华!

高文婧

我与志愿服务的故事：治愈与被治愈的旅程

高文婧

高文婧，外国语学院汉语国际教育 2020-01 班，共青团员。

个人荣誉

2023 年 5 月，获西南交通大学"十佳志愿者"荣誉称号

2023 年 5 月，获西南交通大学"优秀共青团干部"荣誉称号

2023 年 4 月，获四川省"四星级志愿者"证书

2022 年 12 月，获 2021—2022 学年西南交通大学"优秀学生干部"

2022 年 12 月，获 2021—2022 学年西南交通大学二等综合奖学金

2022 年 9 月，获寒假"返家乡"优秀实践队员

2022 年 5 月，获西南交通大学五星级志愿者

2022 年 5 月，获 2022 年西南交通大学第九届运动舞蹈大赛第三名

2022 年 5 月，获西南交通大学"优秀共青团干部"荣誉称号

2022 年 3 月，获"一起迎冬奥"云支教社会实践活动"优秀志愿者"证书

2021 年 12 月，获 2020—2021 学年西南交通大学二等综合奖学金

2021 年 12 月，获四川省第二届"贡嘎杯"青少年校园排球联赛"优秀志愿者"

2021年12月，获普通话水平测试等级证书"二级甲等"

2021年12月，获2020—2021学年西南交通大学"明诚奖"

2021年6月，获"相约幸福成都"2021年全国排球四强邀请赛"优秀志愿者"

2021年5月，获2021年西南交通大学第八届运动舞蹈大赛第一名

2021年4月，获西南交通大学二星级志愿者

任职情况

2023年6月至今，担任外国语学院汉语国际教育专业2020-01班团支部书记、西南交通大学青年志愿者联合会理事长

2022年6月—2023年6月，担任外国语学院汉语国际教育专业2020-01班团支部书记，西南交通大学青年志愿者联合会考核部副理事长

2021年6月—2022年6月，担任外国语学院汉语国际教育专业2020-01班团支部书记，西南交通大学青年志愿者联合会考核部部长

2020年9月—2021年6月，担任外国语学院学生会组织部部员，西南交通大学青年志愿者联合会考核部干事

我与志愿是治愈与被治愈的旅程。

个人风采

一、投身志愿，身影无处

韶华四载致青春，无问西东志愿行。进入大学以来，我始终以饱满的热情和积极向上的态度投身于志愿服务活动，涉及基础教育、师生服务、疫情防控、赛会服务等

多个方面。

在教育方面，我积极参加寒暑期支教活动，通过开设党史宣讲、交通安全、垃圾分类等室内课程以及消防知识学习等室外活动，帮助学生拓宽视野，促进他们全面发展。同时，我结合自身的专业特色，积极报名成为苏格兰远程教学志愿者，对苏格兰某校的50余名学生进行远程汉语教学，并向他们介绍中国文化。

在校园服务方面，我参加校内志愿服务活动共计13项，覆盖约13 000人。秋季迎新、冬季返校、食堂服务、雕塑清理……我在保障全校师生在疫情期间的生活和安全，维护美好的校园环境方面贡献了自己的一份力量。

疫情在前，责任在肩。在学校疫情防控的关键时刻，我积极响应号召，第一时间报名疫情防控应急志愿者，并参与了2次疫苗接种活动以及近30次核酸检测活动。朝起见日出，暮踏彩云归。扫码测温、维持秩序、协助检测、疏散人群……我站好自己的岗，担好自己的责。在抗击疫情的战场上，我用实际行动诠释了一名志愿者的坚守与担当。我在保护自己的同时，为学校疫情防控做出力所能及的贡献。

在赛会服务方面，我先后参加了9次赛会服务活动，如"相约幸福成都"系列赛事、"新青年·救在身边"应急演练赛事、"贡嘎杯"青少年校园排球赛事、第31届世界大运会开幕式志愿服务、第81届世界科幻大会志愿服务等，服务人数达8 000余人。我在服务活动中积极展现交大志愿者的青春风采。

帮助儿童

二、相互治愈，完成转变

我自小性格比较内向，喜欢独处，活在自己的世界里，对许多事情漠不关心。进入大学以前，我常常听说过志愿服务，因此，对志愿服务抱有些许好奇：为什么会有人愿意这样去奉献？

进入大学后，我最终选择加入了青年志愿者联合会。在青志联任职的四年里，我从部员、部长、副理事到理事长，对志愿服务的认识也不断加深。志愿服务治愈了我、改变了我。志愿服务是对个人性格的塑造，我从内向型人格转变为外向型人格；志愿服务也是对心灵的治愈，在志愿服务中，我能感受到自己和社会、他人的联系，志愿者是被需要、被认可的，每一次志愿活动的完成会让我有一种获得感，让我感觉到自己是被肯定的。

成都大运会志愿者

同时，我也更能平衡自己作为志愿者和志愿工作组织者的双重身份。

作为青年志愿者联合会的负责人，我深深扎根于志愿服务一线，依托志愿四川平台，对全校各级组织开展的志愿服务活动进行审核，并对志愿者的服务时长进行认定，积极保障志愿者权益，努力推动学校志愿服务工作的发展。同时，作为志愿服务活动的负责人，我全力做好统筹、协调和沟通工作，对志愿者进行严格培训和上岗安排，并主动与各类组织进行联系和沟通，为志愿者争取相应的物质保障。

截至目前，我已累计审核志愿服务活动两千余次，为上千位志愿者进行志愿服务时长认定，直接或间接服务志愿者超一万余人，时刻践行着"做志愿者背后的志愿者"这一光荣使命。

三、鼓起勇气，迈步向前

像每一个志愿者一样，我第一次参与志愿服务的时候是很紧张、无措的，不知道自己可以做什么，也不知道自己应该做什么。面对陌生的事情，我感到害羞，也不好意思开口与别人交谈。但突然就有一个时刻，我让自己鼓起勇气，迈出了自己的舒适区，走出第二步、第三步，并不停走下去。

志愿服务带给我的不仅仅是荣誉，更多的是锻炼自我的机会和实现价值的舞台。前路漫漫，属于志愿的热爱还会继续。在未来，我希望能担任宣传中华优秀传统文化的志愿者。目前，我已入选研究生支教团，希望能向支教地的孩子们介绍中国，介绍世界。

诚然，大学生的首要任务是学习，但我们也不能把学习看成大学生活的全部。在学习之外，我们应当给自己更多的机会，去发现更多的可能；勇于尝试，勇于改变，做真正喜欢的事情，让自己的大学生活熠熠生辉。

【暑期"三下乡"社会实践】

齐昱

我与紫云县的故事：
记西南交通大学"交通天下·筑梦成长"
暑期"三下乡"社会实践队第七次出征

队伍介绍

2023年8月，具有35年竞赛历史的"五峰杯"足球赛在紫云苗族布依族自治县如火如荼地进行；与此同时，在距离县城30公里外的格丼小学和猛林小学的同学们也收到了一份特殊的新学期礼物，这份礼物包含了足球运动装备、经典书籍、非遗传承作品以及特色趣味课程；这是西南交通大学"交通天下·筑梦成长"暑期"三下乡"社会实践队的第7次出征。

这支实践队伍于2015年成立,在发展壮大的过程中不断坚守初心、为爱接力、持续奔赴。其自成立以来,队伍一直在为中国青少年足球运动推广和经典阅读倡议而贡献力量。在指导老师伍波、张进的带领下,齐昱、展睿、张佳倬、班继娟、张起维5名项目组成员共同努力,获得了校级第一名的好成绩。

实践地点介绍

格丼村位于紫云县水塘镇,共有404户人家、1797人,均为少数民族。村内的格丼小学,总共有6个教学班、13名老师、137名学生。由于人口居住分散,学生上学路程较远,大部分学生早出晚归,有些学生因此而辍学。另外,由于缺乏充足的教育资源,家庭教育也时常缺失,山区的孩子们很少能接受新的信息,学习氛围比较差。此外,学校基础设施陈旧,体育设施配置不全,都造成了孩子们上学难的情况。

猛林村也是紫云县的一个小村庄,有377户人家、1881人,以苗族为主。猛林小学位于村子中心的位置,有6个教学班,共161名学生,教师团队有11人。由于地理位置偏远、基础设施落后等原因,学校师资力量薄弱,图书资料匮乏,教学情况十分艰苦。除此之外,由于家庭经济原因,很多孩子都早早辍学打工。

一、用足球激荡热血,让运动照亮少年

足球具有对抗性强、战术多变、参与人数多等特点,足球运动强调团队合作、公平竞争和尊重对手。2023年8月初,实践队为紫云县格丼小学和猛林小学的同学们募集了价值3万余元的足球、足球服、足球鞋、足球袜等运动装备。8月11日,实践队组织专业教师在学校内开展了足球第一课,并持续追踪学校足球运动发展情况,进一步支持当地足球运动教育。实践队以足球运动推广为契机,进一步宣传体育精神,推广体育文化,并希望同学们通过足球让自己变得乐观开朗、自信自强,勇敢面对困难与挑战。

开展足球第一课

二、用书籍温暖心灵，让知识塑造人生

实践队倡导青少年阅读经典，习惯阅读并爱上阅读，从书里得到慰藉和勇气，在纸间体悟世间百态，并引导青少年崇尚经典，敬畏经典，从经典中涵养、提升自己。本次活动，我们收集了由西南交通大学教职工足球协会成员精心挑选的适合青少年阅读的经典书籍200余本，书本中

非遗小课堂

有队员们亲手写下的真情寄语。此外，我们还开展了经典阅读主题读书会，以及"我的交大时光""同架一座桥""推普进苗乡"等系列趣味课堂，激发了同学们对学习的兴趣和对大学校园的向往。

三、用创新保护非遗，让创造传承文化

我们带着学校大艺团蜀韵陶瓷非遗传承工作室的作品——"川剧变脸盖碗"来到了紫云县，与紫云县互赠了非遗传承作品，共享了非遗保护传承经验，为当地小朋友开展了蜀韵陶瓷非遗小课堂，努力唤醒非遗保护意识，争取培养非遗传承基因。据了解，"川剧

活动合影

变脸盖碗"融合了陶瓷制作技艺、盖碗茶艺、川剧变脸三种非遗元素于一身。在泡茶时，茶碗周身图案遇开水则由关羽变为张飞，生动展现了川剧变脸的特点，也蕴含了"变通"的生活哲理，体现了非遗的创新性保护、创造性传承。

四、用初心凝聚爱心，让坚守汇聚合力

在过去的 9 年里，队伍到达了四川的峨眉山市新平乡、南充市仪陇县、眉山市丹棱县、阿坝州马尔康市、乐山市马边县以及贵州的黔南州福泉市、黔东南州黄平县、安顺市紫云县。一支支青少年足球队在祖国边远小城镇相继诞生，一个个经典阅读书架与同学们朝夕相伴，一份份社会爱心力量不断加入到这场生动实践中，一批批青年大学生志愿者积极响应党和国家的号召，扎根西部，投身志愿，在社会课堂里"受教育、长才干、做贡献"。

在实践队伍中有一位名叫班继娟的同学，她来自我们实践活动的地点之一：猛林村。从小山区到大城市，从昏暗破旧的小教室到西南交通大学，这一段路程，班继娟同学走了十几年，是努力，是执着，也是幸运。当实践队伍重返她的家乡时，她表示，很高兴大家能来到她的家乡，也很开心大家特别关注猛林村。偏远的、相对落后的猛林村也有着自己的故事，也有着自己的志向，有着助力每一个孩子快乐成长的梦想！

经过这次实践活动，我们队伍的实践队员们也颇有感悟。在本次"三下乡"活动中，我们有机会深入农村，对少数民族有了更深的了解，感受到了不同民族文化的独特魅力，更了解了农村孩子的教育情况。我们认识到，教育不仅仅是在课堂上传授知识，更是要将所学知识运用到实践中去。大山里的孩子想要走出大山，会有诸多艰辛与不易。通过本次支教活动，我们更加深刻地认识到教育对于农村孩子的重要性，并体会到了作为一名大学生所肩负的社会责任。

即使已经离开紫云县，此次"三下乡"活动发生的点点滴滴也仍让我们觉得记忆犹新。我们见到了最灿烂的笑容，那是孩子们学习到新知识时展露出的；我们遇到了无私奉献的老师，他们根植大山毫无怨言；我们也遇到最赤诚的感谢。这些情感清澈、炙热，让我们找寻到了志愿服务工作的真正意义所在。

我们的工作也得到了当地学校的支持和认可，获得了中国网、中国教育网等多家国家级媒体的报道。大家的认可就是我们持续前行的动力！

在未来更远的道路上，我们会继续趁年轻，行志愿！让青春在全面建设社会主义现代化国家的火热实践中绽放绚丽之花！

（主笔人：齐昱）

跟着节气去劳动
GENZHE JIEQI QU LAODONG

郭徵同

我与风韵武庙的故事：记四生五子队的"三下乡"

我们的队伍名为"公共管理学院赴成都市东部新区武庙镇四生五子实践队"。本团队是"四生五子"队，"四生"即团队"三下乡"主要调研的四个方面：生产、生活、生态与生命，"五子"的意思是我们是五个交大学子。本团队成立于2022年10月，五名成员来自公共管理学院政治学与行政学专业，具备良好的学术基础，并且已经系统掌握政治学、社会学及公共管理学相关专业知识。成员具有丰富的比赛经历、良好的科研素养。小组五位成员参与过2022年SCTP项目，部分成员参与过西南交通大学第四届公共案例分析大赛并获得校级二等奖，部分成员参与过SRTP并成功立项国创。这些比赛经历为小组成员积累了丰富的社会实践经验。

团队指导老师是公共管理学院副教授、西南交通大学交通公共政策研究中心成员王斌副教授，他发表核心期刊论文近20篇，多篇主笔撰写的建言献策被全国政协、四川省政协、四川省委统战部等采纳，曾主持多个国家级社会科学项目，曾多次指导学生参与各类比赛项目，拥有丰富的指导经验。

一、实践经历

为积极响应党和国家全面推进乡村振兴的号召，探索乡村"四生"融合发展新模式，"四生五子"实践队前往成都东部新区武庙镇开展2023年暑期"三下乡"社会实践活动。

7月3日，团队成员到达成都东部新区武庙镇人民政府，与武庙镇社区发展办主任李鸿春就有关武庙镇内产业发展现状与生产、生活、生态的具体情况进行了交流与探讨，对于武庙镇产业结构与经济发展情况进行初步了解。交流结束后，团队成员们深入武庙镇石庙村，进行实地考察与访谈。

到达石庙村后，团队成员分别与武庙镇石庙村党总支书记郑帅、武庙社区纪检委员李慧进行深度访谈，内容包括武庙镇村庄生产生活发展现状与发展中遇到的难题。团队了解到，大部分村庄以第一产业为主，种植李子、枇杷、樱桃等水果，受地理条件限制，石庙村多为散户种植，批发售卖。近年来，武庙镇在成都东部新区党工委管委会的领导下，以"生态武庙·花果山乡"为定位，全力推动产业发展改造升级，不断探索乡村振兴、农业发展的"武庙表达"。基层政府定期邀请农业种植专家入村进行生产培训，村民们每年有2~3次外出考察学习的机会。

随后，在李主任的带领下，团队成员们与石庙村村民杜师傅共同前往农田参观学习。杜师傅主要种植蜂糖李、枇杷等水果。当地定期的种植技术培训与政府多平台多形式

实践队成员在林间访谈果农

武庙镇社区发展办李主任为实践队介绍武庙镇特产

宣传成效良好，蜂糖李果实硕大饱满、味甘如蜜，深受消费者喜爱；销售路径不断扩展，消费者群体规模逐年扩大。李主任也表示，武庙镇在改革的"后半篇"文章中，将整合资源，加大对农业镇街的支持力度，打造一系列示范性产业项目，推动优质农产品"走出去"。

7月4日，李主任带领实践队员前往武庙风韵馆参观游览。武庙风韵馆建于2022年3月，集镇史展览、教研学游、文明实践于一体，以小镇百年巨变为主线，挖掘武庙历史文化资源，全方位多角度再现武庙故事。下一站，成员们穿过花香廊道，驱车来到丹景台景区。景区内设有竹园乐园、石庙库坝等休憩驿站，丹景台、天府动植物园、气象站等景点设计精美。春赏花、夏品果、秋看叶、冬观雪，景区为旅客提供丰富多彩的游玩体验。

党的二十大报告明确指出："全面建设社会主义现代化国家，最艰巨最繁重的任务仍然在农村。"全面推进乡村振兴旨在促进乡村的全面发展，构筑生态环境屏障，守护和传承国家与民族根脉，助力全面推进中华民族伟大复兴。团队此次"三下乡"通过探索武庙"四生融合"振兴乡村的成功经验，记录我国全面推进乡村振兴过程中的武庙故事。

二、深刻感悟，厚积薄发

经过此次"三下乡"社会实践，团队成员都有许多体会与感悟。以下罗列了五位成员的实践感悟：

1. 郭徽同（队长）

房宁教授说："要用脚底板做学问，走到社会实践当中，走入人民群众当中，提炼理论，贡献新知。"因此，我们不仅要在书籍的海洋中学习知识，而且还应该多接触社会、多亲身实践。经过两天的社会实践，我们走过一个个村落，跨过一片片土地，才知道"用脚底板做学问"的不易。看着村民眼中的光，听着农户口中的欢笑，我们见到了脱贫攻坚的成功和乡村振兴的成效。我相信，在乡村振兴的道路上，只要我们坚持真情实感推动乡村发展，注重生态保护，就能够实现我们对美好乡村的向往和追求。

2. 郑爽

此次前往武庙镇的实践活动让我对乡村振兴有了更深刻的认识和感悟。在这个过程中，我目睹了乡村发展的新面貌，也深刻体会到"生产、生活、生态、生命"对于乡村振兴的重要性。首先，乡村振兴是一项长期而艰巨的任务。其次，乡村振兴必须

团队成员于丹景台景区合影

注重生态环境。在这次实践中,我深刻感受到了乡村振兴的力量和希望。从政府层面到农民群众,大家都积极参与其中,为乡村振兴贡献自己的力量。

3. 黎烨炜

经历了此次"三下乡"实践活动之后,我更加理解了国家乡村振兴战略的重大意义。武庙镇的"花果山香"目标确实落到实处。我们小组在调研过程中切实体会到武庙镇的发展,小组成员对武庙"三生"的探索,对"四生"的扩展,让我更加坚信中国发展普惠全民,中国复兴指日可待。

4. 邓坤

在武庙镇,我们看到了一幅乡村振兴的生动画卷。武庙人民正坚定地走在前往美好生活的道路上。花果山香,武庙风韵,在武庙的见闻,让我们体会到乡村振兴战略的生动实践。

5. 黄梓芮

武庙镇的发展得益于基层政府干部和工作者对实地情况的精准把握,以及当地民众数年如一日的坚持。短短两天的探访很难完完整整了解清楚武庙多年发展的曲折和起伏,但我们却观察到,在这里,政府和民众是联结在一起的。每个干部对武庙镇的资源、规划以及当地人民的生活状况了如指掌,也因此规划了最适配于武庙镇的发展道路，这样纯粹的情感和无私的奉献让人动容。而看到了武庙镇，就好像看到了无数个不断发展的乡镇，希望就此蔓生。

三、成果转化，振兴以待

全面推进乡村振兴，加快农业农村现代化，扎实推进乡村发展、乡村建设、乡村治理，加快建设农业强国，建设宜居宜业和美乡村，是全面建设社会主义现代化国家的坚实基础。在今后的生活中，团队会继续在乡村振兴的路上发光发热，例如参加乡村支教、直播助农等活动。此外，团队会将"四生融合"理论与更多的乡村结合，打造富有"四生"特色的乡村项目，促进农业农村现代化的发展。

（主笔人：郭徵同）

第三部分 跟着节气去劳动——青春志愿·爱在交大

韦思萍

我与橙长一夏的故事:"短期支教"与教育的回响

队伍介绍

为积极响应国家乡村振兴战略号召,落实"扎根山区,服务地方"办学理念,橙长一夏团队于2023年3月20日正式组建,成员包含大一至大三、不同专业的学生共16名,其中中共党员2名,共青团员13名。同时,我们邀请到生命科学与工程学院的潘星宇老师作为团队指导老师。

橙色是温暖、充满活力与希望的颜色,它象征着大学生志愿者们带着满腔热情和无限活力,走进乡村小学,陪伴孩子们度过一个充实而有意义的夏天,引导他们探索未知、发现自我。同时"橙长"的过程就像橙子从青涩到成熟的过程,虽然夏令营只有短短一个夏天,但它留给孩子们的不仅仅是知识和技能的提升,更是对美好生活的向往和对未来的无限憧憬,这段经历也将成为大学生志愿者们人生中难忘的一页,激励他们在未来的道路上继续前行。

团队作为启梦社第九年派出的第三十一支队伍,遵循自身志愿教学志向,赴河南安阳滑县大寨乡开展了暑期"三下乡"社会实践活动,为乡村儿童带来了一场特别的夏令营。

橙长一夏团队是2023年全国大学生"七彩假期"志愿服务示范专项团队与2023年"圆梦工程"农村未成年人优秀传统文化传承志愿服务团队。此行开展的是大学生短期支教新型模式——乡村夏令营。这是一种非传统学科教学式支教形式，以"阅读、艺术、游戏"为三个模块，开展"主题+"体验式活动，并融合多项传统文化主题活动。团队在指导老师潘星宇的带领下，获得了西南交通大学2023年暑期"三下乡"社会实践活动校级优秀实践队称号，团队事迹也被中青校园网报道。

一、投入实践，利他益己

橙长一夏团队于2023年7月18日赴河南省安阳市滑县大寨乡小田小学开展乡村夏令营实践行动。此次夏令营实践活动中，直接受益群体为参与此次乡村夏令营的乡村儿童及大学生志愿者们；间接受益群体包括家长、学校以及为此次乡村夏令营提供帮助和支持的社会组织团体或个人。

小田小学地处中国中原地区，其所属县2017年退出贫困县。河南是教育大省，学生竞争压力大。小田小学教学质量不高，学生水平参差不齐。由于父母外出务工等原因，学生中有一部分是留守儿童。小田小学注重阅读教育，搭建了完整的阅读教学体系，学生具有一定的阅读习惯。

在夏令营的准备期，团队精心完成15天的课程设计与活动安排，出发前完成部分课程试课及课程内容细化、修改。实践过程中，大学生志愿者与乡村儿童通过主题课程相识，在相互陪伴中共同度过一段难忘的时光。实践结束后，队伍还定期举办书信传递活动，使志愿者与乡村儿童保持直接、真实、长久的联系。

实践队通过观察当地儿童现状，因地制宜开展课程设计与乡土文化课程，让儿童

乡村夏令营实践活动

开展特色课程

第三部分　跟着节气去劳动——青春志愿·爱在交大

实践活动合影

开拓眼界。实践队还开设历史相关传统文化课程，通过旧物改造、手工制作传统服饰的形式，让孩子们在欢乐中感受传统服饰的魅力。实践队把握儿童特点，用动手参与式的教学方法为孩子们开展卫生习惯养成等课程。

此次夏令营行动中，橙长一夏团队共17名成员（15名队员、1名宣传志愿者、1名学校"三下乡"项目指导老师），其中党员3名，团员13名，共计服务河南省安阳市滑县大寨乡小田小学约90名一至六年级小学生。活动期间，实践队与小田小学教师工作组共同推进夏令营课程活动，维护校园环境。团队在整个夏令营行动中都积极和项目相关方进行交流沟通，明确团队工作产出内容及时间要求，保障工作成果及时提交。

本次支教活动，在改善乡村教育现状、提高乡村儿童学习能力的同时，志愿者们的社会实践能力、综合素质与作为中国青年一代的使命感也得到了提高。团队积极践行"竢实扬华，自强不息"的交大精神，以大学生身份参与新农村建设，为大学生了解中国国情开启了一扇窗口，密切了高等教育与新农村建设的关系。志愿者们还积极践行志愿者精神，关注乡村儿童教育发展，努力实现团队所倡导的"小学生的夏令营，大学生的成长营"理念，实现"传递爱，传递未来"的目标。

二、躬体力行，硕果累累

短期支教是一趟开往大山、开往乡村儿童生活、开往我们自己童年的列车。我们去拜访乡村里的孩子，一起体验夏天的温度与蝉鸣。这就是我们相互塑造的过程。

——橙长一夏队长韦思萍

一声声再见，结束了夏日的忙碌。只要我们用心观察、真诚对待孩子，努力与他们产生共鸣，他们就会毫不犹豫地敞开心扉，与我们一同书写夏天的故事。

——橙长一夏副队长陈晓峰

在这场不仅仅是传授知识的相遇中，我们用自己的力量让孩子们放飞了心灵。在盛夏的这场互动中，孩子们也给了我们心灵上的慰藉，让我们觉得一切都值得。世界是多姿多彩的，我们更希望在未来的某天，他们用自己的脚步去丈量他们想去的地方！

——橙长一夏传播组蒲妍冰

我从没见过那样晴朗明亮的夜空，也没有想过夏令营会结束得如此突然。回望这段像梦一样的短暂时光，我学会了如何与他人沟通。我看到一群人因为一个目标聚在一起，凭借充满热血的激情与责任心，去勇敢尝试，尽最大可能做好自己的事情，尽管这个过程充满物质上的挑战、情绪上的矛盾，但我们始终站在一起。为了孩子们的期待，为了办好一次夏令营，我们最终勾勒出彼此眼中最浓墨重彩、最了不起的一笔回忆。志愿者事业不在于追求完美，勇敢去做，才是最重要的。

——橙长一夏谢铠泽

记录课堂点滴

三、行而不辍，未来可期

1. 项目可持续性

未来，我们希望能将我们的实践成果进一步转化为实际行动。我们将继续关注乡村教育问题，积极参与相关活动，为乡村儿童提供更多的支持和帮助。我们将充分发挥团队职能，利用团队与社团资源，通过捐物、共读、书信等方式，为乡村学校提供图书、教具等教育资源。我们还将依托社团组织更多的夏令营活动，为孩子们提供更多的学习机会和成长空间。长期的支教项目需要耐心和持久地投入，选择合适的乡村可以更好地避免"短期义工"现象。同时，团队的成果也期待能够通过社区志愿服务活动等形式就近辐射。

2. 乡村夏令营展望

在未来的路上，我们将不忘初心，砥砺前行。我们相信，只要我们用心去做，就一定能够为乡村儿童带去美好的记忆。我们的梦想是让每个孩子都能享受到有质量的教育，我们将为此努力奋斗。

帮助儿童快乐成长

橙长一夏的故事就是我们每个人的故事，它记录了我们的成长和收获。在夏令营之旅，我们不仅帮助了乡村儿童，更重要的是我们找到了自己的方向和人生的意义。我们希望，这个故事能够激励更多的人，加入到乡村支教的行列中，为乡村儿童带去希望和光明。让我们用行动来诠释"橙长一夏"的意义，在夏天一起成长，让每个孩子都能拥有美好的未来。

（主笔人：韦思萍）

我与宝兴的故事：
宝兴县大熊猫文化产业调研社会实践活动

队伍介绍

  我们的队伍名为"西南交通大学经济管理学院青鸽志愿服务队"，本团队由来自西南交通大学经济管理学院的8位同学组成。成员中有3位担任经济管理学院青年志愿者协会组织干部，有丰富的活动组织经验。团队成员中共有7名青年志愿者协会会员，包括4名星级志愿者。所有成员都具备丰富的志愿服务社会实践经历。其中宋雨欣同学曾参与2022年大学生暑期"三下乡"社会实践活动，并获得"优秀实践队伍"和"优秀实践个人"称号，在活动中积累了一定的经验。目前，她作为项目负责人，能够帮助整个团队统筹规划好项目各阶段的计划，从而提升团队整体的效率。指导老师陈建奇曾获暑期"三下乡"社会实践活动、百强实践团队、实践育人等多项活动的"优秀指导教师"荣誉，拥有丰富的带队经验。另外，团队成员有来自4个不同专业的同学，具备扎实的知识储备和多项技能，可以发挥专业优势，取长补短，推动项目顺利进行；团队成员也有竞赛项目相关的经历，如三创赛、"互联网+"项目等；团队成员都有多次团队合作项目经历，具备较强的团队协作精神和沟通能力，能够协调统一，充分发挥团队优势，共同解决问题。

一、以青春之力量，助乡村之振兴

开展活动，调研实践，助力乡村振兴。为贯彻落实习近平总书记"加快建设农业强国，扎实推动乡村产业、人才、文化、生态、组织振兴"的重要指示精神，以区域文化、产业发展带动经济发展，助力乡村振兴，2023年7月3日，西南交通大学青鸽志愿服务队一行来到了四川省雅安市宝兴县，开展为期5天的大熊猫文化产业调研暑期"三下乡"社会实践活动。

初到宝兴，走街串户，探寻文化之根。活动伊始，团队成员来到了宝兴县熊猫古城景区。通过与当地居民面对面交流，团队成员了解了当地独具特色的大熊猫文化。古城内潺潺的溪流和茂密幽深的树林都让队员们不禁感叹，宝兴是孕育大熊猫文化的山水宝地。随后，团队成员在红军广场布置了宣传摊位。当地居民对团队的到来表示欢迎，并纷纷向队员们讲述了自己对大熊猫文化、红军文化的了解。言谈之间，队员们对这座充满魅力的文化之城有了更加深刻的理解。

宣传摊位

走访调研，了解短板，找准发展之要。第三天，团队成员走访景区周边的大街小巷，通过问卷调查的方式展开实地调研。在调查中，大家普遍认为，宝兴自然环境优越，是放松身心、丰富知识的最佳选择，大熊猫文化作为四川的文化名片，受到国内外游客的喜爱和广泛关注，宝兴县作为大熊猫文化的发源地，拥有巨大的文化发展潜力。但是，游客多以亲友推荐等方式了解宝兴，其他了解渠道并不多。同时问卷结果显示，当地居民对大熊猫生活习性及野生动植物保护的问题作答正确率普遍偏低，这表明当地居民对大熊猫相关文化知识掌握不多，对野生动植物的保护意识较为薄弱。调研结束后，团队成员认为，此次实践活动应紧紧围绕文化资源的推广和知识普及展开，宣传是助力宝兴文化振兴的有力抓手，用好特色文化资源是助力宝兴高质量发展的必由之路。

科普宣传，民声聚焦，筑牢富强之基。当天下午，团队在宣传摊位上开设了有关大熊猫文化及动植物保护知识的宣讲，吸引了许多居民的参与。团队成员在向大家科普了有关大熊猫生活习性和野生动植物保护知识的同时，还发放了大熊猫文化宣传册，通过增强居民对大熊猫生活习性的了解，深化当地大熊猫文化的内涵。

线下服务，线上推广，注入振兴之力。活动第四天，实践团队来到大熊猫科学发现地——邓池沟。团队在邓池沟开展志愿服务和直播宣传，让大熊猫文旅产业焕发生命力，为宝兴县乡村振兴注入更多源头活水。志愿服务分线上、线下两部分开展。线下队员经过梁峪绫老师的讲解培训，了解大熊猫作为和平使者的历史意义。

交流学习，展望未来，助力文旅发展。活动最后一天，宝兴县大熊猫国际溯源营地景区负责人梁峪绫接受了实践团队的专访。谈及对营地的展望，梁峪绫希望营地在不断发展进步中，能够给更多家庭提供亲近自然、掌握动植物保护知识的平台，为宝兴县的未来发展助力。

实践过程

二、总结经验，汇聚青春动力

5天的实践活动在浓厚的文化氛围中落下帷幕。队员们躬耕实践，助推宝兴县大熊猫文化旅游产业发展。同时，队员们深入基层，践行濒危动植物保护理念，以青春力量为乡村振兴保驾护航。作为国宝，大熊猫以其和平使者的形象成为极具代表性的文化符号。无形的文化，联结着有形的乡土。以文兴业，以文惠民，着力探索出大熊猫保护与大熊猫文化旅游产业开发相协调的发展模式，宝兴县的发展必将获得源源不断的动力，昂首阔步走在乡村振兴的光明道路上。

在整个实践过程中，实践队员们不仅感受到了宝兴当地独特的风土人情和浓厚的文化底蕴，还深入了解了大熊猫文化起源及生活习性知识，更在解决一个个困难的过程中将专业知识运用到实际问题，锻炼了自己各方面的能力，也提升了自己的专业技能。每个实践队员都在活动中切实体会到了宝兴是个旅游资源丰富的宝地，也衷心祝愿宝兴县的大熊猫文化能发扬光大，走上乡村振兴的光明道路！"回到家乡，遇见一个个可亲可爱的家乡人，享受一幅幅温暖美丽的家乡图景，感受我们与家乡之间的联结，让青春的汗水挥洒在家乡热土上。我想，这就是社会实践的意义之一吧"，一位来自宝兴的实践队员在感悟中如是写道。

三、反思过往，迎接未来

首先，我们的校园志愿服务团队应该构建更加规范化的制度，更加明确团队的目标、任务、组织架构和运行机制。此外，我们也应该继续加强与学校、社会等方面的合作，争取更多的资源和支持，为团队的发展提供保障。

其次，校园志愿服务团队应该注重服务质量的提升。在项目策划和实施过程中，我们要充分考虑受益人的需求，确保志愿服务能够真正解决实际问题。同时，我们要加强志愿者的培训和指导，提高他们的服务技能和素质，从而提升整体的服务水平。

再者，校园志愿服务团队应该注重实践成果的转化。一方面，要对志愿服务过程中积累的经验、方法和技能进行总结和提炼，形成可推广的标准化操作流程，为其他团队提供借鉴。另一方面，要关注志愿服务对志愿者和受益人的长期影响，探索志愿服务在人才培养、社会创新等方面的价值，将实践成果转化为学术研究、政策建议和社会创新实践，从而实现志愿服务的可持续发展。

（主笔人：宋雨欣）

【交通·公益志愿服务季】

孔令伊

我与社区改造的故事：童心筑梦实践队

队伍介绍

本实践团队名为童心筑梦实践队，成立于2023年4月，是一个由学生自主发起的互助性、非营利性实践公益团队，本实践团队由6名核心成员组成，均具备良好的专业素养和专业技能，从而保障本实践项目的完成。团队成员具有浓厚的志愿服务热情与强烈的公益心。团队注重精神文明建设，协作能力强。团队成员各司其职——尹若依，实践队队长，负责队伍建设和活动策划；饶丽婷，负责社区联络和沟通；刘远韬，负责区域改造设计规划；罗浩元，负责区域改造设计规划；孔令伊，负责宣传物料制作；汪西雨，负责文字撰写和PPT制作。队伍在西南交通大学智慧城市与交通学院辅导员于博伦老师的带领下开展社区改造活动，进而服务社会。

队伍特色

队伍具有充足的弹性空间。队伍成员均来自于交叉学科专业，具备多方面的学习能力和较多的知识储备，能够有效应对实践过程中出现的问题，保障项目持续推进。

队伍具有较好的外部资源。本实践队项目目前已与学苑社区形成长期合作机制，同时联系了多个犀浦镇内的社区，与蜀源社区达成合作意向，从而促进实践队伍的可持续发展。

队伍具有良好的技术支持。队伍成员具有模型设计经验，充分掌握3D建模和大数据分析等计算机技术，有助于实践项目的数字化与虚拟化拓展，创造切实贴合儿童需求的成果，提升儿童生活幸福感。

队伍获奖情况

本实践队伍荣获西南交通大学寒假"返家乡"社会实践活动院级优秀实践队伍。
本实践队伍荣获第九届"建行杯"中国互联网+红旅赛道省级铜奖。
本实践队伍荣获第十届西南交通大学交通公益志愿服务季校级金奖。

一、走进社区，有所作为

紧跟时事，响应号召。2022年9月，国家发展改革委印发《城市儿童友好空间建设导则》，提出要以公益普惠为原则，坚持"1米高度"视角创建儿童友好型空间。成都市积极响应政策号召，印发《成都儿童友好城市建设五年行动计划》，建立完善儿童友好的成长空间。童心筑梦实践队正是成立在这样的时代发展背景下。

持续开展，公益普惠。自2023年4月以来，实践队员已在成都市三个社区开展系列美育实践活动十余次，累计服务人数超500人，积累志愿四川学时超100小时，参与服务志愿者人数超30人。2023年5月，队伍与郫都区学苑社区完成志愿服务实践基地授牌仪式，坚持每月到社区开展美育实践活动。目前，针对学苑社区的微更新改造方案设计工作已全部完成，队伍于8月组织开展第一次社区改造活动，于12月前完成大面积户外墙体涂装改造工作，逐步落实设计方案中的各项社区微更新举措，为学苑社区儿童成长提供更加适宜的环境。

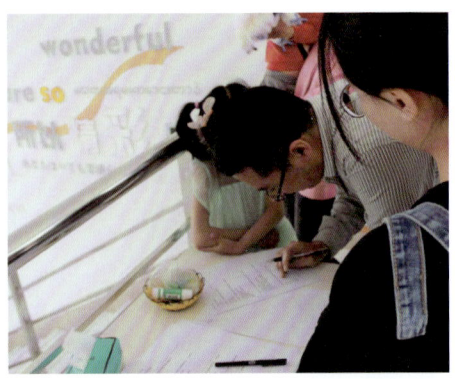

主题活动过程

　　同心筑梦，助梦童心。从2023年4月至今，团队定期到社区开展美育宣传活动，通过理论宣讲，引导社区小朋友建立美学意识，逐步提升小朋友的美学素养，再加以多样的实践活动，让孩子们在进行艺术创作的过程中能够进一步提高对美学的认知。在后期的社区改造活动中，团队也邀请社区家庭参与其中，让孩子们亲手装扮自己的家园，提升其实践动手能力的同时，真正做到"共建理想家园"。

　　普及概念，助力发展。在面向社区小朋友开展美育宣传实践活动的同时，团队在每次活动时都会向到场家长发放调查问卷及宣传资料，普及儿童友好型城市建设概念；定期组织户外传单宣发工作，让更多的人了解到当今的建设发展趋势，助力成都市儿童友好型城市建设历程。

　　多点合作，区域共建。自2023年8月起，团队逐步扩大实践活动范围，积极与周边社区联系，针对各社区建设特点打造儿童友好型社区优化方案。目前，团队已与3个社区达成合作意向，于9月起同步开展社区活动，推进区域性多社区共筑儿童友好建设计划，促进儿童友好型城市建设进程。

二、从心出发，志愿真悟

在实践中淬炼真我。在活动开展期间，实践队全体成员在专业知识与实践技能上都得到了很大的提升。实践期间，队员们把理论知识付诸实践，在实践中不断强化专业技能，巩固专业知识。

在实践中提升自我。本实践项目为队员们提供了一个良好的实践机会。经过多次实践，实践队从最开始的懵懂逐步成长，现在已经可以自主策划并筹备活动。队员们的实践意识逐步被激发，实践技能也在逐步提升，奉献服务精神不断增强，从而更深刻地意识到实践的意义。

在实践中优化自我。经过6个多月的合作共处，实践队员之间产生了深厚的友谊，彼此信任，相互帮助，形成了良好的团队合作氛围。在收获友谊的同时，团队成员将个人能力与团队合作相协调，各司其职，及时沟通交流，不断磨合，使团队氛围从陌生到熟悉友爱、团结一致。每一次活动的顺利开展，无一不体现着本实践队的团队精神与合作精神。

成员感想分享：

孔令伊：多次的实践使我收获了很多。从最开始对儿童友好型社区的茫然，到现在已经可以实现部分设计，无论是在技术上还是知识上，我都有了很大的提升。更重要的是，在实践过程中，我收获到了很多的快乐，有来自团队合作的快乐，有来自于做美育实践、改造优化的快乐。虽然有时候真的很累，但是当看到自己的实践成果就觉得很开心。我想，这就是实践的魅力吧。

三、一如既往，未来可期

1.区域共建，构建多点合作联动机制

团队计划在2024年进一步增加合作社区点数，构建区域联动发展模式，进一步扩大项目受益人群辐射面积，增强项目社会影响力，促进成都市儿童友好工程建设进程，推动国家儿童友好型城市建设，为儿童健康成长提供良好的社区环境与社会环境。

2. 星火燎原，搭建公益传递链条

搭建爱心公益链条，助力美丽中国乡村建设。目前团队已在学院的帮助下联系到自贡市三河村小学，计划在三河村开展儿童友好社区建设宣传活动，并在后期成都市内社区活动中，收集小朋友们的实践作品进行义卖捐赠，将来自城市孩子们的爱心送到乡村小学，构建公益传播链条，实现社会价值提升。团队还将在三河村开展儿童友好改造建设工作，助力村镇孩子健康成长。

3. 群策群力，打造动态生长化活动团队

2024年，团队计划进行扩招，增加核心成员人数，让更多的交大学子参与到项目建设中。团队计划与智慧城市与交通学院青协开展常态化合作，定期进行志愿者遴选培训，让更多学生获得参与志愿服务的机会，全面提升综合素养。同时，对于设计相关专业的学生来说，这也是一次极好的实践机会。

4. 勠力同心，多方共筑理想建设方案

如今，儿童友好改造是各个社区和设计公司都密切关注的议题。团队希望可以借助童心筑梦这一项目平台，合理利用社会爱心资源，使爱心企业和社会公益机构的爱心资源发挥更大的作用，努力达到"关注儿童成长，聆听儿童声音，看见儿童世界"的良好社会效益。同时，企业和社会各界爱心组织的加入也能够更好保证项目常态化持续发展。

（主笔人：孔令伊）

第三部分 跟着节气去劳动——青春志愿·爱在交大

黄天钰

我与"交通·公益"实践队的故事：
扎根社区基层，贡献青春力量

队伍介绍

"扎根社区基层，贡献青春力量"社区守护计划成立于2022年4月，截至2023年7月，已经开展15个月。实践团队由6名来自西南交通大学交通运输与物流学院青年志愿者协会的志愿者骨干组成，在交通运输与物流学院团委副书记、交运青协指导老师温宇轩的带领下，共同创立该项目。

实践团队成员多为校级、院级组织学生负责人，有出色的团队协作能力。团队成员曾多次获评四川省星级志愿者、校星级志愿者、校十佳志愿者，累计志愿服务时长2500余小时，具有良好的骨干素质与志愿精神。团队成员曾参与中外大学生社会实践周、全国大学生云支教专项实践活动、大学生暑期"三下乡"、交通公益志愿服务季等各类社会实践活动累计20余次，实践事迹被团中央创青春、中青网和中华网等多家媒体报道。

团队紧密结合学院学科、专业特点，充分利用第二课堂，发挥基层实践平台的作用，形成了以"扎根社区基层，贡献青春力量"为主题的交通公益项目。该项目依托于交运青协服务平台，深入地方基层，联合伏龙、方碑、犀和等多个社区，通过丰富多样的社区志愿活动助力社区治理,推动志愿服务向基层和城乡社区下沉,从社会关注、社区需求出发,开展全方位、多板块、多模式的系列志愿活动,致力于把实践育人的成效落到实处。

一、实践同行,温暖传递

项目实践过程主要从交通专题、携手童行、主题宣讲以及家园守护四个板块展开,服务群体多样,服务形式多元,力求高品质、全方位实现社区守护。

2023年3月,团队立足学院专业优势与特色,前往九里堤社区,向社区各年龄段居民针对性地开展了安全地铁行系列主题活动。面向社区儿童,团队普及成都地铁知识,以及如何文明、安全乘坐地铁。团队引导社区儿童畅想未来地铁发展,并通过情景模拟的生动形式,让孩子们学以致用。面向老年群体,团队普及天府通一码进出站等智能出行模式,给不会使用智能手机的老人讲解如何线下购票,并分发地铁安全小卡片,帮助他们适应现代城市轨道交通出行方式。

随后在2023年5月,团队联合九里堤西南交通大学社区和5A级社会组织成都高新区玉成志愿服务与研究中心开展了以"读万卷公益书,行万里研学路"为主题的微项目。乐学轨道发展路,共谱校社新篇章,团队实现高校与社区零距离,与居民沟通零障碍,打造了融思想、文化、科技、创新为一体的新型学习园区。

在"携手童行"板块,团队以促进青少年儿童全面发展为宗旨,从德育和美育两个角度开展系列活动。团队在知子花社区开展了"大爱行天下"青少年犯罪心理帮扶活动。通过前期培训、长期调查和场景模拟等,团队帮助一群有着特殊经历的儿童抚平心理创伤,重拾生活信心,融入社会,健康成长。除此之外,协会先后组

安全地铁行系列主题活动

织志愿者前往伏龙社区教育实践基地和方碑社区的非遗文化体验基地开展了美育传播的系列活动。一笔一画之中，一刀一剪之下，团队向美而行，以美育人，感悟美育精神，弘扬传统文化。

为深入贯彻落实"强国复兴有我"群众性主题宣传教育活动相关要求，在2023年6月至7月期间，团队外联多个活动地，开展了两个主题的系列宣讲。在防治肺结核宣讲中，团队通过对结核病相关知识的全面科普，有效避免群众性"谈核色变"，助力提高公众健康防范意识，倡导健康生活方式。"两弹一星"主题宣讲则采用校内校外结合、线上线下机动的灵活模式开展。团队结合交通强国特色背景，将"两弹一星"精神与时代交通旋律进行有机融合，打造了宣讲主题鲜明、形式多元特色的宣讲服务。

在守护家园板块中，团队与成都市城市河流研究会合作，在指定区域开展植物调研，为安宁村生态导览手册的设计贡献力量。团队还深入整体搬迁典型村镇开展入户走访，了解村民在搬迁前后生活状况的变化以及当前诉求，考察农村改革及农村社区城镇化成果。团队撰写了相关实践报告，也在守护乡村助力的同时获得了河研会的高度评价。

在整个项目实施过程中，团队与6所社区联合，围绕4个板块，共开展了10多个主题活动，形式多样，受众广泛，硕果累累，目前已发布校内外推送共20余篇，获国家级A类媒体中华网以及搜狐新闻、百度新闻等主流媒体报道，总浏览量超2万。实践活动在各个社区广受好评，收到了来自社区的感谢信，并获得了积极志愿团队与先进志愿集体荣誉证书。

活动过程

二、使命担当，不虚此行

在一年多的志愿服务过程中，团队成员一起进社区、下基层，用心推进志愿服务项目。在这期间,团队收获了非常丰富的社会实践经验,在亲身参与的过程中更加了解社会发展和民情民意。与敬老院的老人们促膝长谈,努力去接触自闭症儿童的内心,学习如何实施青少年犯罪心理帮扶,到扶贫搬迁典型村镇进行农村改革成果走访调研……在这一个个瞬间,团队曾无数次想起鲁迅先生说过的那句话:"无穷的远方,无数的人们,都和我有关。"团队深切地感受到,个人与社会的联系是如此紧密。通过团队成员的共同努力,实践活动最终取得了理想的成效,也受到了社区的广泛好评,这让团队体会到了前所未有的自豪感、荣誉感和责任感。

"扎根社区基层,贡献青春力量",这既是本期实践项目的主旋律,也是每一位团队成员用实际行动践行的初心。习近平总书记曾寄语广大青年:"心中有阳光,脚下有力量,为了理想能坚持、不懈怠,才能创造无愧于时代的人生。"立足新时代新征程,立志扎根基层,用梦想和担当绘就奋斗青春、无悔青春的美丽画卷,是每一位青年人的使命与担当。

三、持之以恒,再创荣光

本期社区守护项目有明确的主题和目标。团队充分发挥交通运输与物流学院的专业学科特色,与基层社区合作,拓展学生成长成才阵地,形成具有学院特色的"交通公益+实践育人"模式。未来,交运青协将继续深耕实践育人热土,进一步拓宽与实践基地合作的广度和深度,着力搭建师生助力社区发展的平台和路径,为学院师生提供更多社会实践机会,积极创新活动的形式和内容,增强活动的吸引力,达到更加深入的实践效果。希望通过入户走访、问卷调查等形式,团队能够更加深入一线了解民情民意,从而更有针对性地开展基层社区所需的服务,实现居民实际需求与实践活动之间的"供需对称"。此外,团队将积极与国家级、省级等媒体平台联系,对实践团队及个人的优秀事例、社区发展现状等内容进行宣传报道,增强实践育人系列活动的辐射力和影响力。

(主笔人:黄天钰)

04 "跟着节气去劳动"系列文创作品

书 画 类

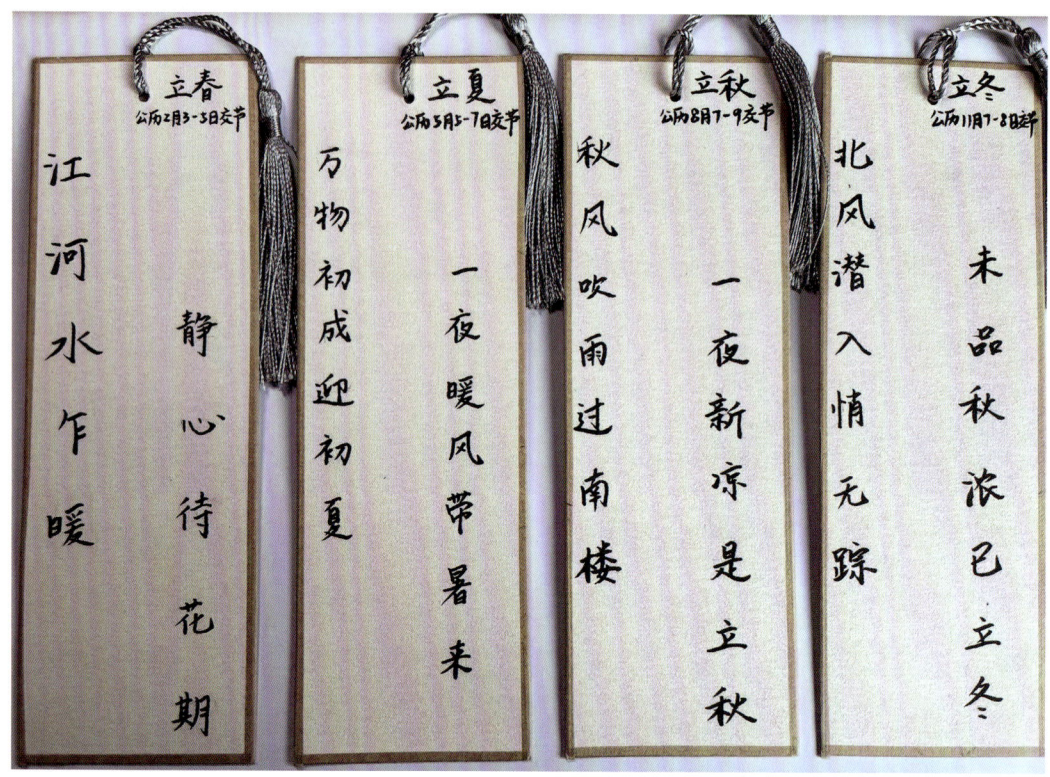

二十四节气作品　黄兰淇

设计说明

本作品把与二十四节气有关的诗句写在了书签上。二十四节气是独属于中国人的浪漫，是古代人民智慧与汗水的结晶。古诗作为中华优秀传统文化的载体，生动形象地反映了古时人们对四季的感知，也体现出古时人们的闲情雅致。一枚枚小小的书签方便携带和保存，每当翻开书本看见它时，便能联想到二十四节气，品味中华源远流长、博大精深的文化。

第四部分 "跟着节气去劳动"系列文创作品

大雪　王艺伽

设计说明

本作品以红色、白色为主色调，设计灵感主要来源于唐三彩骆驼彩陶。作品中一个骑着骆驼的人，一边欢快地哼唱，一边在大雪里前行。作品将二十四节气中的"大雪"与中国传统唐三彩相结合，并进行艺术创新，体现了传统文化之美。

跟着节气去劳动

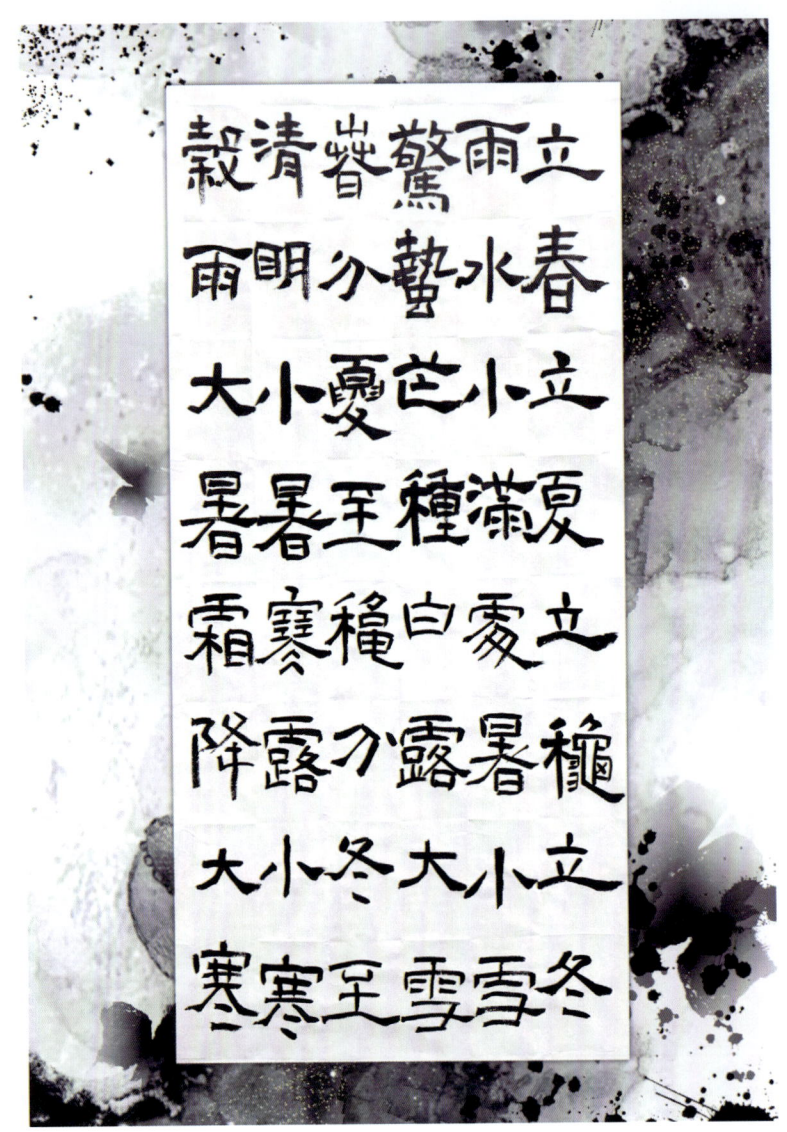

二十四节气书法　王于方

设计说明

　　这是一幅手写软笔书法作品，字体为隶书，内容为二十四节气的名称：立春、雨水、惊蛰、春分、清明、谷雨、立夏、小满、芒种、夏至、小暑、大暑、立秋、处暑、白露、秋分、寒露、霜降、立冬、小雪、大雪、冬至、小寒、大寒。

第四部分 "跟着节气去劳动"系列文创作品

二十四节气之清明 袁川涵

设计说明

绘画题材选自二十四节气之清明。荡秋千为中国古代清明传统活动。以隔窗为边框，远处为青山、红日，近处为杨柳、伊人、红花。希望青年人走出家门，多进行户外活动，欣赏自然美景。

跟着节气去劳动
GENZHE JIEQI QU LAODONG

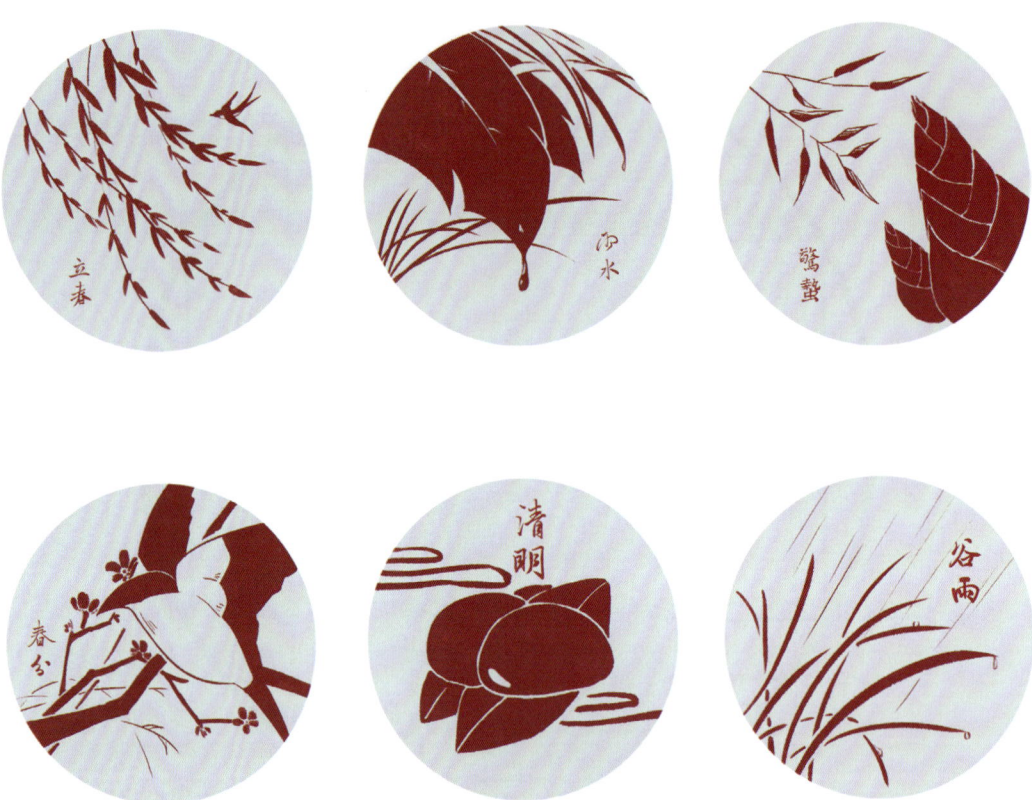

红印春彩　张筱甜

设计说明

这幅以红色为主调的艺术作品，以传统的印章形式展现了春天的六个节气。在作品中，立春的柳树在微风中摇曳，雨水时节的植被生机盎然，而惊蛰则呈现出万物蓬勃生长的景象，春分时节生机勃发的迎春花点缀着画面，谷雨时的农田与雨水交相辉映，清明时分的青团刺激着人们的味蕾。

第四部分 "跟着节气去劳动"系列文创作品

图文设计类

四时之景·秋 常力凡

设计说明

这幅手绘海报融合了立秋、处暑、白露、秋分、寒露、霜降六个节气，每个节气都用独特的图案和色彩表达，如立秋的稻谷、霜降的柿子。整体色调以温暖的橙黄为主，营造出温馨而宁静的感觉。观者可在其中感受秋季的静谧与美好，领略自然与人文的和谐共生。

跟着节气去劳动
GENZHE JIEQI QU LAODONG

立冬　程怡然

设计说明

　　立冬是冬季的第一个节气，标志着冬天的开始。在设计时，为了表达冬天的氛围，使用了冷色调的蓝色和白色，可以传达出寒冷和静谧的感觉。在海报中加入了与立冬相关的元素，如雪花、冰晶等冬季相关的图案等，进一步强调了冬天的主题。选择了简洁而优雅的毛笔字字体来呈现"立冬"二字，以呼应中国文化，增加文化内涵。

第四部分 "跟着节气去劳动"系列文创作品

夏至 范伊晨

设计说明

该图为"夏至"主题的海报设计,夏至时人们经常会举行放荷灯活动,荷花灯是中国传统文化中一种富有浪漫情调和文化内涵的艺术品,它寓意着吉祥如意、平安幸福,也有种说法是一种汉族民间祭祀活动,用以悼念逝去的亲人,祝福活着的人们。

跟着节气去劳动
GENZHE JIEQI QU LAODONG

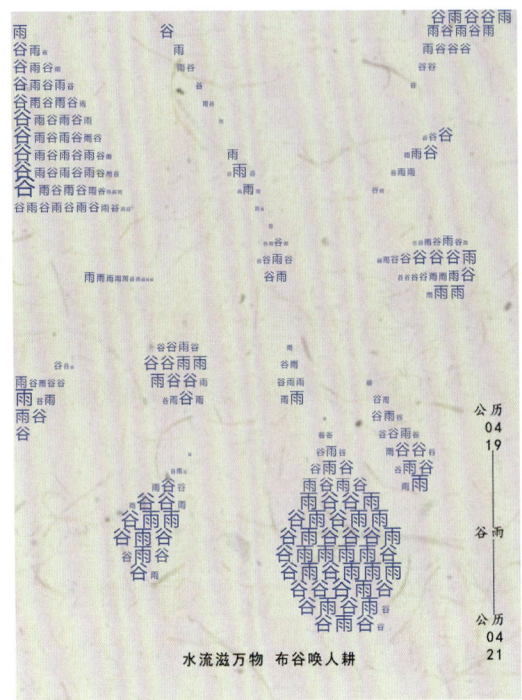

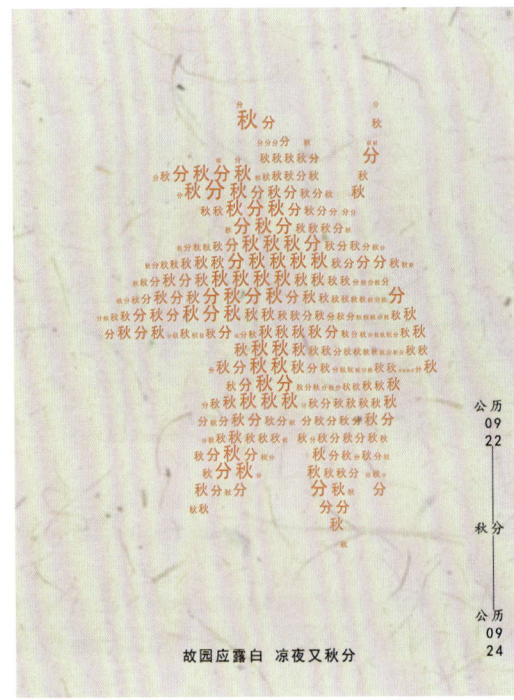

节气说　付沙

设计说明

字如其说——节气说海报，选用立春、谷雨、秋分三个节气进行设计，通过汉字与色彩相结合并组成图形来突出各个节气的特点。

三个节气中，立春的图案是冒新芽的树枝，嫩绿的色彩强调春天的生机勃勃；谷雨的图案是坠落的雨滴，海报视角为仰视角度，给人以身临其境快要淋到春雨的感觉；秋分的图案是飘落的枫叶，萧瑟的枫叶让人感受秋风的凉爽。

每一个图案都选自节气时典型的景象，给人以突出直观形象。同时，二十四节气是中华民族悠久历史文化的重要组成部分，汉字是铸就中华文化大厦的基石，通过汉字的组合变换形成独特的景象，既是对传统文化的结合，也给人们带来不同的观感。

第四部分 "跟着节气去劳动"系列文创作品

立夏　高雅智

设计说明

　　海报整体色调以清新绿色为主,采用中国画风格,突出农民耕耘和自然的和谐。农民耕作的主视觉形象以具体细致的描绘,传达着农耕的美好与辛勤。通过融合荷叶、池塘等元素与"立夏"印章字样的设计,突出中国传统文化与自然的和谐之美。海报整体构图简洁明了,色调清新素雅,展现出中国农耕文化与大自然的美丽景象,引发观众对"立夏"节气和农业的思考与关注。

跟着节气去劳动
GENZHE JIEQI QU LAODONG

春分　胡书畅

设计说明

　　海报整体色调以绿色为主，生机盎然的春天景象将农民劳动与"春分"节气完美结合，传达出春天来临、农作开始的喜悦和期待。通过简洁明了的图像和文字信息，观众能够迅速理解海报的主题，并对"春分"这一节气充满期待和热情。同时，海报通过生动的农民形象和丰富多样的图案元素，增加了视觉趣味性，使观众对农事活动的重要性有更深入的了解和认知。

第四部分 "跟着节气去劳动"系列文创作品

立春　江令文

设计说明

正所谓一年之计在于春。立春，乃万物起始，一切更生之意也。立春有三候：一候东风解，二候蛰虫始振，三候鱼陟负冰。大地回春，在鱼陟负冰时的稻田里，农民在进行春耕。而在这样一个春暖花开的时节，踏青去是一个非常好的选择。除此之外，立春还有许多习俗，如咬春、送春等。

177

跟着节气去劳动

小满　刘玟焱

设计说明

《农桑通诀》所载二十四节气的七十二候中对夏季小满的记录：第一候，苦菜秀。第二候，靡草死。第三候，麦秋至。

主体部分采用了绿色的小麦意象，雀鸟嘴里衔着金黄的麦粒，暗喻接下来的季节；同时农民劳作剪影，寓意着劳动节气。一绿一红形成对比，配上文字介绍小满节气。

第四部分 "跟着节气去劳动"系列文创作品

节气与四季　刘昕语

设计说明

本次设计的四张节气海报采用了简明的视觉格式，以艺术字体辅以节气相关图片背景，图片边缘发光，画面和谐统一。边框双框线的设计使得作品与观者之间产生了"相框"与"画框"的互动意境。在画面细微的边缘处，采用了补间透明度95%的不规则形状序列，令画面的中心在观者不易察觉的情况下得到了凸显，视觉聚焦性更加集中。在观者的视线聚焦移动到画面中心时，自然目光上移，中文节气名辅以英文装饰文字，得到了很好的文化输出效用。这里节选了四个重要节气（昼夜最长点和昼夜平分点），彰显了四季轮转的悠扬韵意。

跟着节气去劳动
GENZHE JIEQI QU LAODONG

二十四节气　罗雅方

设计说明

本作品对二十四节气名称进行艺术加工，分为春夏秋冬四个板块，以逆时针顺序排列。用不同颜色和一些小的细节表现各节气的特点，如谷雨节气多雨，所以谷雨二字旁有小伞；芒种是播种稻谷的季节，所以芒种二字中间有麦芒。

第四部分 "跟着节气去劳动"系列文创作品

四时轮转：二十四节气卷　屈姝含　朱怡霏　张若男

设计说明

本作品以中国传统文化中独特且深远的二十四节气为核心，精心打造了一套展现四季轮回与岁月流转的插画作品。我们通过每一幅插画，呈现每个节气的自然景象与人文情感。色彩的运用既丰富多彩又富有层次，笔触细腻而富有表现力，将节气的细微变化与人们的情感世界紧密相连。这套作品不仅是对中国传统节气文化的视觉诠释，更是对自然之美与人文情怀的深情致敬，让人们在欣赏美的同时，也能感受到节气变化对人们生活的深远影响。

跟着节气去劳动
GENZHE JIEQI QU LAODONG

节气 屈于寒

设计说明

　　"立春"二字中,"立"的笔画"点"用春日初升的橘红暖阳代替。同时延长"立"字的横笔画与"春"字笔画相连,贯穿字体,体现两字的关联性。"春"字的笔画中"日"字也用寓意春天到来的小燕子代替。小燕子昂扬向上飞,展现了春天的生机与活力,另一只小燕子与笔画中的小燕子相照应,生动俏皮地俯飞直下,更显得活泼可爱。字体中的树枝带有初放芽的绿,彰显春天的生机。

　　采用"春分"二字进行字体设计,延展"春"字和"分"字的个别笔画,增强文字的稳定性。笔画也有用春天的元素——发芽的树枝来代替,枝杈中选取更嫩的绿色表现枝芽,一抹亮色不仅点缀画面,还充分展示春天的萌芽新绿、生机盎然。再用小昆虫的运动状态来代替笔画"日"字增加趣味性。绿色的背景上添加一大一小两抹七星瓢虫的红色,增添亮丽的色彩,丰富画面。浅色背景给人以清新雅致的感觉,将主题"春分"进行清楚地凸显。四周小文字的添加,丰富了细节效果,同时增强了画面的稳定性。

　　字体设计中"冬至"二字采用左上右下构图的方式。冬至的特色是吃饺子,所以将饺子置于字体设计中。冬字底部,两点水笔画由冬季常见小吃糖葫芦代替,照应冬季主题。同时延长"冬"字的捺笔画与"至"字横笔画相连,贯穿字体体现两字的关联性。饺子的容器是碗,将"至"字笔画改为碗的形状。饺子上方有着沸腾的热气,照应冬至季节,应吃热腾腾的饺子,以此来达到驱寒的效果。

/182

第四部分 "跟着节气去劳动"系列文创作品

在十二节气中　阙源

设计说明

背景与整体构思：海报呈现出十二节气不同的景象，如阳光明媚的田野与翠绿的树木。整体设计以动态元素为主，通过渐变的色彩和流动的线条表现十二节气中不同的生机勃勃景象和劳动人民的朴实与勤劳。

调色与光影：选用温暖明亮的色彩，以橙黄、嫩绿、湛蓝为主色调，通过渐变和光影的处理，突出十二节气不同的明媚和清新感。

动态效果：利用设计软件添加微妙的动态元素，如飘动的花瓣、绚烂的光影、摇曳的树叶，使整个海报更具生动感和立体感。

跟着节气去劳动

GENZHE JIEQI QU LAODONG

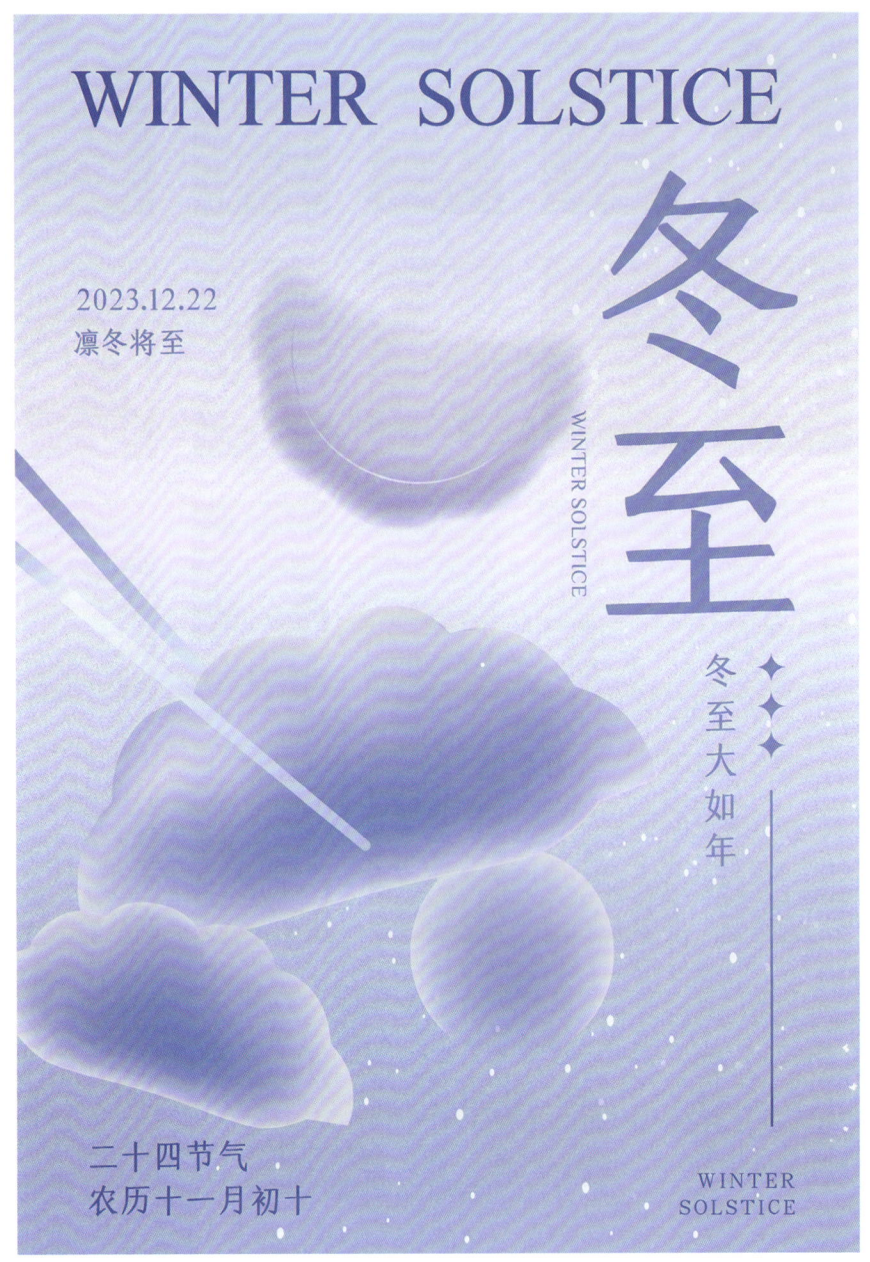

冬至　唐佳逸

设计说明

　　海报制作的是二十四节气中的冬至，冬至是四时八节之一，被视为冬季的大节日，在古代民间有"冬至大如年"的讲法。冬至习俗因地域不同而又存在着习俗内容或细节上的差异。在中国南方地区，有冬至祭祖、宴饮的习俗。在中国北方地区，每年冬至日有吃饺子的习俗。时至冬至，标志着即将进入寒冷时节，意味着凛冬将至。海报整体是蓝紫色色调，图中画的是吃饺子这一习俗。整体上是扁平风加上酸性风的设计风格。

第四部分 "跟着节气去劳动"系列文创作品

立夏　田春燕

设计说明

《立夏》以绿色为主色调,描绘了春天到夏天的过渡景象,通过荷叶、荷花以及蜻蜓等元素来体现了夏季的特点。同时,"立夏"二字用大号字体突出显示,强调了这个节气的重要性。

立冬　田春燕

设计说明

《立冬》采用了冷色调来表现冬季的到来。画面中出现了松树、雪景以及松鼠等元素,这些都与冬天紧密相关。立冬标志着一年中最寒冷季节的开始,同时也是万物进入休眠期的时候。

跟着节气去劳动
GENZHE JIEQI QU LAODONG

冬　王心怡

设计说明

以冬季的景色为背景，利用飘雪、松树、古建筑等，创造出冷静而清新的氛围。全幅采用深蓝和赤红两色，营造寒冬中的温暖。搭配简洁、大号字的标题，突出节气，配以简短的文字描述，让海报更加生动有趣。整体采用低保真风格，让画面呈现出模糊和发光的效果。

第四部分 "跟着节气去劳动"系列文创作品

夏至 芒种 项宇佳

设计说明

在二十四节气中,挑选了具有代表性的夏至以及芒种进行创作。《芒种》中描绘了两位农民种植谷物的场景,这是农耕文化对节气的反映,同时在该节气还会迎来青梅成熟,农人们将其采摘、酿酒,画面呈现了乡间劳作与怡然自得的景象。《夏至》用农民划船准备采莲蓬、小女孩在成熟西瓜间休息和荷花盛开来代表本节气。

187

跟着节气去劳动
GENZHE JIEQI QU LAODONG

摄影作品类

第四部分 "跟着节气去劳动"系列文创作品

实物作品类

四季与你 曹美琪

设计说明

　　作品是四季主题的手工编织零钱包。编织是人类最古老的手工艺之一,一年有二十四节气,在这二十四节气中,古时妇女们会为不同季节编织不同服饰、配饰,这是属于四季的手工艺。本作品根据感受到的四季的颜色,合理搭配,将其运用到零钱包的配色当中,通过祖母格编织手法,制成了一套四季零钱包作品。

跟着节气去劳动
GENZHE JIEQI QU LAODONG

立春文创　陈绘宇

设计说明

　　绿色和黄色交织体现立春的生机勃勃，农夫划过的小船是劳动为立春带来的一抹新的色彩。希望通过这一系列的文创产品，让更多人了解农业劳动的多彩以及对人们的重要性。同时让劳动文化无时无刻体现在生活之中，劳动既可以是物质上美观存在的，也可以是精神上令人愉悦的。

第四部分 "跟着节气去劳动"系列文创作品

春分暖阳书签　陈雨蒙　王春瑶　敖琼　郭丹　孙博雅

设计说明

春分时节,标志着春天的到来,气候渐暖,天鹅等成为大自然中的一道美丽风景线。在书签设计中,以蓝色为主色调、融入暖阳彰显春天的开始,以天鹅为代表展现春分节气动物们的状态。同时,春分是农民们辛勤劳动的时候,也是学生勤奋学习的时候。图书馆作为知识和文化的聚集地,与春分的文化内涵相呼应,主图绘制交大图书馆,表现交大学子"竢实扬华,自强不息"的精神。

跟着节气去劳动

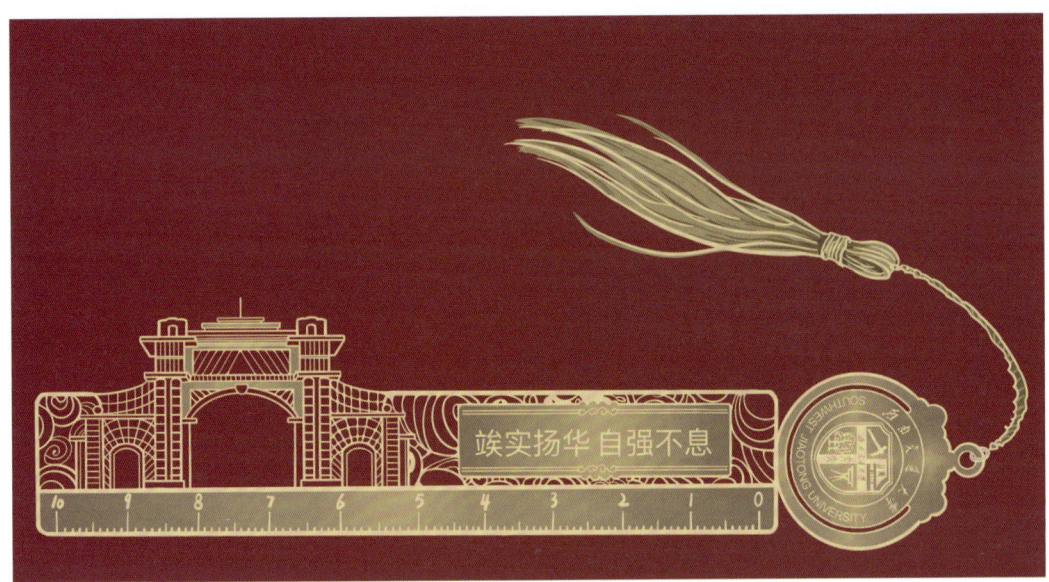

金秋直尺　陈雨蒙　王春瑶　敖琼　郭丹　孙博雅

设计说明

秋分,标志着秋季的开始,与丰收紧密相连,值此时节,中国大地似乎换上了一身金黄的新装。以此为灵感,以金色为主色调,象征着丰收和富饶。同时,结合交大南门设计了尺形书签,蕴含着祝愿交大学子学有所成、学有所获的美好寓意。

第四部分 "跟着节气去劳动"系列文创作品

芒种综丝香囊 　陈雨蒙　王春瑶　敖琼　郭丹　孙博雅

设计说明

芒种时节,气温逐渐升高,多雨,潮湿闷热,蚊虫孳生,人们常佩戴香囊以驱蚊祛瘟。因此,作品以香囊为载体,以绿色为主色调,展现夏季的生机与活力,通过渐变色彩表现植物的生长过程。芒种至,笋成林,以竹子作为典型元素,展现勃勃生机。"时雨及芒种,四野皆插秧。"芒种也是农人辛勤劳作的时节,融入交大元素,希望交大学子积极参与劳动事业,努力成长成才。

跟着节气去劳动
GENZHE JIEQI QU LAODONG

秋分明月团扇　陈雨蒙　王春瑶　敖琼　郭丹　孙博雅

设计说明

秋分时节，丹桂飘香。古有"春祭日，秋祭月"之说，"秋分"曾是传统的"祭月节"，彩云追月，象征着美丽与吉祥，旧时女子会在这一天拜月，期望看见云卷月前的美景。作品以团扇为图案载体，将其与明月相结合，主图运用月白、明黄为主，展现云卷月前的美景，结合交大特色的南门建筑，展现交大如友似家的关怀。